本书受浙江省自然科学基金青年项目（编号：LQ13G030012）
和温州商学院著作出版基金资助

公司金融前沿论丛

Corporate Income Tax Reform, Capital Restructuring
and the Economic Consequences,
Analysis from Chinese Listed Companies

企业所得税改革、
资本结构调整及经济后果

——基于中国上市公司的分析

陈习定 张芳芳 周志波／著

中国财经出版传媒集团

经济科学出版社

Economic Science Press

图书在版编目（CIP）数据

企业所得税改革、资本结构调整及经济后果：基于中国上市公司的分析/陈习定，张芳芳，周志波著．—北京：经济科学出版社，2017.12

（公司金融前沿论丛）

ISBN 978－7－5141－8900－1

Ⅰ.①企⋯　Ⅱ.①陈⋯②张⋯③周⋯　Ⅲ.①企业所得税-税收管理-研究-中国　Ⅳ.①F812.424

中国版本图书馆 CIP 数据核字（2017）第 321900 号

责任编辑：杜　鹏　赵　岩
责任校对：徐领柱
责任印制：邱　天

企业所得税改革、资本结构调整及经济后果
——基于中国上市公司的分析

陈习定　张芳芳　周志波　著

经济科学出版社出版、发行　新华书店经销

社址：北京市海淀区阜成路甲 28 号　邮编：100142

总编部电话：010－88191217　发行部电话：010－88191522

网址：www.esp.com.cn

电子邮件：esp_bj@163.com

天猫网店：经济科学出版社旗舰店

网址：http://jjkxcbs.tmall.com

固安华明印业有限公司印装

710×1000　16 开　7.75 印张　170000 字

2017 年 12 月第 1 版　2017 年 12 月第 1 次印刷

ISBN 978－7－5141－8900－1　定价：45.00 元

目　　录

第1章

导 论

1.1 选题背景和意义

公司资本结构①的影响因素是：什么是现代金融经济学一个最基础的问题。虽然已有大量理论文献认为税收、破产成本、代理成本、规模以及成长机会均是潜在的影响公司资本结构的因素，但是要完全理解公司的融资决策还需要作进一步的研究。正如 Myers（2001）指出，"在 Modigliani 和 Miller（1958）的研究已过去 40 多年之后的今天，我们对公司融资选择的理解还很有限。"Myers（2001）还进一步指出，现有的理论分析并不是普遍适用的，只能在一定的条件下解释公司的资本结构。

税收是影响公司资本结构的重要因素，关于税收和公司资本结构之间的关系在理论上已得到了广泛的研究②（Barnea、Haugen 和 Senbet，1981；Brennan 和 Schwartz，1978；Dammon 和 Senbet，1988；DeAngelo 和 Masulis，

---

① 在本书中，公司资本结构的定义与债务比率两者意思相同，具体含义为债务占公司总资产的比率。

② 现代资本结构理论已逐渐形成了一个以税收与资本结构之间关系为研究对象的专门研究领域，该领域主要是研究税收差异对资本结构的影响，因此经常被称为"税差学派"（沈艺峰，1999）。

1980；Green 和 Talmor，1985；Kane、Marcus 和 McDonald，1984；Kraus 和 Litzenberger，1973；Miller，1977；Modigliani 和 Miller，1958、1963；Taggart，1980），这些文献强调了公司所得税税率、非债务税盾与最优公司资本结构之间的关系，并提出了一些可供检验的理论假说。

但是，关于税收和公司资本结构之间关系的经验证据尚未有定论。Auerbach（1985），Bradley、Jarrell 和 Kim（1984），Chaplinsky（1987），Titman 和 Wessels（1988），发现没有证据支持企业非债务税盾和企业债务比率相关的理论假说。Scholes、Wilson 和 Wolfson（1990）却发现商业银行的边际税率和其资本结构紧密相关。Haugen 和 Senbet（1986）认为经验证据只能部分地支持 Miller 等人的假设。

可以看到，以上这些关于税收和公司资本结构的实证研究主要是基于横截面数据。横截面分析面临的最大问题是在横截面时点公司资本结构可能不是最优的。根据 Myers（1977）的研究，公司改变资本结构的成本是昂贵的，因此在任何时点观察到的资本结构均有可能偏离它的最优水平。更重要的是，根据 Myers 和 Majluf（1984）的"啄食顺序"（pecking order）理论，公司的资本结构往往会异于静态的基于成本和收益权衡时的最优水平。因此使用静态的横截面数据不能有效地检验税收和公司资本结构之间的关系。

近年来国内还涌现出了大量的基于面板数据来研究税收因素和公司资本结构之间关系的实证文献。陈维云等（2002）选取深圳证券交易所上市的 217 家公司 1995～2000 年的财务数据，利用多元回归的方法得出中国上市公司资本结构与实际税率不相关的结论。肖作平（2004）利用 1998～2002 年仅发行 A 股的上市公司的面板数据考察了中国上市公司资本结构的若干决定因素，认为在中国有效税率对资本结构不大可能产生显著影响。李霞（2008）利用 1998～2006 年中国上市公司的面板数据考察了税收因素和公司资本结构之间关系，认为税收因素（无论是非债务税盾还是债务税盾）对公司资本结构的影响程度非常小。

　　在前面使用面板数据的实证分析中，虽然资本结构可能是动态的，但只要税法没有发生重大改变，那么税收因素（无论是公司所得税税率还是非债务税盾）是相对静态的。从计量经济学的角度看，很难把税收因素对资本结构的影响准确地估计出来。

　　第十届全国人民代表大会第五次会议于 2007 年 3 月 16 日审议通过了《中华人民共和国企业所得税法》，并于 2008 年 1 月 1 日起正式施行。新的《企业所得税法》的基本目标是统一内外资企业所得税制并创造公平税收环境①。新的《企业所得税法》主要有两个方面的改革，首先是税率的改革，统一对内外资企业征收 25% 的企业所得税，原来的内资企业的企业所得税税率从 33% 统一下调至 25%，大部分原先享受所得税优惠的公司将获得五年的缓冲期，所得税税率由 15% 逐渐提高到 25%，五年内的税率分别为 18%、20%、22%、24%、25%；其次是非债务税盾的改革，即统一内外资企业费用扣除项目和税前列支标准。

　　2008 年中国企业所得税税制改革（包括税率和非债务税盾）大幅度地改变了中国企业的税负，因此，为在受控环境中评估税收因素和资本结构之间的关系提供了一个自然观测平台或自然试验的机会。与 1986 年美国税制改革单向降低公司所得税税率不同，2008 年中国企业所得税税制改革不但降低了内资企业公司所得税税率，同时也提高了原先享受所得税优惠企业的公司所得税税率。从计量经济学的角度看，公司所得税税率较大的方差非常有利于准确估计税收和公司资本结构之间的关系。

　　无论是税率改革还是非债务税盾的改革都会使国内上市公司承担的税负发生变化，并直接影响公司的价值。由于过去所得税政策的不统一，存在诸多优惠政策，上市公司的税率以及非债务税盾的计算均存在着较大差

---

　　① 根据十届全国人大五次会议，企业所得税改革的指导思想是：根据科学发展观和完善社会主义市场经济体制的总体要求，按照"简税制、宽税基、低税率、严征管"的税制改革原则，借鉴国际经验，建立各类企业统一适用的科学、规范的企业所得税制度，为各类企业创造公平的市场竞争环境。

别，新税法的实施将会给各上市公司在税负上带来有利或不利影响。

随着新税法的实施，上市公司是否会通过资本结构调整来降低税负？如果上市公司调整资本结构，那么所得税改革和资本结构的调整是否会改变上市公司的盈利能力？对这些问题的研究，不仅能全面检验税收因素对公司资本结构的影响，为税收和资本结构之间的关系提供新的证据；同时也能考察新税法的经济影响，对企业所得税改革有着显著的政策含义，有利于管理部门进行税制改革时提供合理的参考依据。因此，本书的选题不仅具有重大的理论价值，同时也具有非常重要的政策意义。

1.2　本书研究方法、研究思路及研究内容

本书采用综合研究法，即规范研究和实证研究并重的研究方法。

本书的研究方法有三方面要点：一是大量运用现代经济学理论的分析方法，使得本书获得严密的经济学理论基础。二是大量采用和分析税收实践中的数据，在充分分析国内外相关经验的基础上，运用计量经济学（包括参数分析和非参数分析）获得现实可检验的研究结论和政策建议。三是注重比较研究和动态研究。企业所得税改革给予了研究者一个"准实验"的机会，因此，可以把税收因素对公司资本结构的影响以及所得税改革和资本结构的调整对上市公司的盈利能力的影响放到当前经济系统剧烈变动的动态环境下进行考察。

本书基本的研究思路如下：为了研究前述问题，本书分别选取有效税率①提高（与 2007 年有效税率相比，2008 年有效税率上升的公司）和降低（与 2007 年有效税率相比，2008 年有效税率上升的公司）的两类上市

---

① 本书采用的有效税率 = 所得税费用/当期税前利润总额。

公司作为研究样本，综合考察有效税率以及非债务税盾变化引起的资本结构调整及其经济后果。具体来说，本书利用 2008 年企业所得税改革前后（前：2006～2007 年；后：2008～2009 年）各上市公司所构成的面板数据和双重差分法（differences in differences）来检验企业所得税改革对公司资本结构的影响及其经济后果。

　　本书基本的研究内容如下。第 1 章是导论，包括本书的选题背景和意义、研究方法、研究思路、创新点和不足。第 2 章在文献回顾和理论分析的基础上提出 4 个研究假说。第 3 章是实证模型。第 4 章是样本和数据。第 5 章是实证分析及稳健性检验，研究结果发现：（1）2008 年所得税改革后有效税率提高的上市公司的债务比率显著上升，而所得税改革后有效税率下降的上市公司的债务比率显著下降；（2）上市公司非债务税盾与其债务比率显著负相关；（3）所得税改革后有效税率提高的上市公司的盈利能力显著下降，所得税改革后有效税率下降的上市公司的盈利能力显著提高；（4）债务比率的上升没有显著提升上市公司的盈利能力。第 6 章是结论性评述。

1.3　本书的创新点和不足

　　本书的创新点如下。

　　1. 样本数据的独特性。第一，2008 年中国企业所得税税制改革为税收和资本结构之间的关系的评估提供了一个自然观测平台或自然试验的机会。第二，由于 2008 年税制改革前中国企业税制的复杂性和多样性使得企业所得税税制改革后税收因素（包括税率和非债务税盾）的方差较大，这非常有利于准确估计税收因素和公司资本结构之间的关系。第三，关于税收因素和公司资本结构关系的实证文献的数据大多来源西方发达国家，中国作为新兴经济体中最有活力的国家之一，其上市公司的数据可为此方面的研究提供新的证据和有益补充。

2. 研究方法的创新性，据笔者所知，本书是首次使用双重差分法（differences in differences）来检验税收因素对公司资本结构的影响并考察税制改革以及公司资本结构变动的经济后果。通过处理组和对照组的设置，可以更加精确地评估税收因素对公司资本结构的影响及其经济后果。

本书的不足主要包括两个方面，首先是许多变量尚无法测量，例如公司的治理结构的好坏、公司是否为高科技公司等，如果能够顺利测量，将有利于全面考察 2008 年企业所得税改革的影响；其次是由于距离 2008 年税制改革的时间较短，如果能够延长时间窗，研究结果可能更具有说服力。因此，后续的跟进研究是必要的。

第2章

文献回顾、理论分析与研究假设

2.1　文献回顾

一般来说，税收因素与公司资本结构关系的文献可分成两个部分：一个部分是税收与债务融资；另一个部分是税收与权益融资，涉及的税种为股利所得税与资本利得税。与西方发达国家成熟资本市场相比，我国发放股利的上市公司比例和发放的比重①都较低，加上我国目前尚未开征资本利得税，因此，本书文献综述和研究的重点均集中在税收与债务融资上。

2.1.1　理论文献回顾

2.1.1.1　MM 定理

税收与债务融资理论的研究始于 Modigliani 和 Miller（1958）。Modigliani 和 Miller（1958）提出著名的后来被称为 MM 定理的结论：在不存在税

---

① 这里特指与盈利的比重。

收的情况下，公司的资本结构不会影响公司的价值。该结论是在一系列严格的假设上得出的，包括：（1）不存在税收；（2）无交易成本和破产成本；（3）资本市场是完善的，不存在信息不对称性，没有交易成本，且所有证券都是无限可分的；（4）个人和企业以相同的利率借贷。

具体来说，Modigliani 和 Miller（1958）提出两个命题。

命题 I 假设资本市场是完美的，而且不存在税收，则无论是债务融资还是权益融资，对公司而言并无任何差异，即公司价值由债务价值和权益价值构成，而且其总价值不受两者比例的影响——任何公司的市场价值均独立于公司资本结构。

命题 II 当命题 I 成立时，有负债公司每股股票的期望收益率等于同一风险等级中某一无负债公司的期望收益率加上与其财务风险相关的风险溢价，即权益资本成本是公司债务与权益资本比率的线性递增函数，当公司提高债务权益率时，权益风险上升，权益资本的期望收益率也上升。由于风险较高，权益资本成本也相应较高，这就抵销了债务资本所带来的收益，因此，不管公司的资本结构如何，它的加权平均资本成本（WACC）是保持不变的。

Stiglitz（1969）从一般均衡状态模型出发，在没有破产、个人和企业可以按相同的利率借贷假设下，进一步证实了 Modigliani 和 Miller（1958）所获得的结论。

Rubinstein（1973）使用均值—方差方法证明了 Modigliani 和 Miller（1958）结论的正确性。Rubinstein 证明，如果企业改变其资本结构，将获得一个准确的风险与收益权衡。这一结果使得市场处于中立状态，因此，企业的股票价格不变。

Baron（1974）使用随机优势理论，在所有的投资者都能够把所有的无负债融资企业的证券作抵押和以企业相同的名义利率进行借贷，以及投资者同时持有负债融资企业的股票和相同风险等级企业债券的假设下，同样证明 MM 定理是可以成立的。

Stiglitz（1974）通过一个"多时期模型"扩展了 Modilgliani 和 Mille（1958）的研究。在相当一般的条件下，Stiglitz（1974）再次证明了任何一个特定企业财务政策的无关论。Stiglitz（1974）认为，个人通过抵消组合进行调整以使其消费路径不变能对企业财务政策的任何变化作出反应。

2.1.1.2 扩展的 MM 定理

公司资本结构无关论的成立需要很严格的假设。Modigliani 和 Miller（1963）通过在模型中引入企业所得税扩展了 Modigliani 和 Miller（1958）提出的命题，拓展了先前的研究。Modigliani 和 Miller（1963）的研究表明，由于利息支付的税收扣减，负债的使用增加了企业价值。因此，企业应使用尽可能多的负债。修正后 Modigliani 和 Miller（1958）提出的定理 1 变为：

$$V_L = V_U + \tau_C D \qquad (2.1)$$

其中，V_L 为有债务杠杆的企业价值；V_U 为无债务杠杆企业的价值；τ_C 为企业所得税税率；D 为负债价值。式（2.1）有两层意思：首先，只要为企业所得税税率 τ_C 为正数，则有债务杠杆公司的价值 V_L 比无债务杠杆公司的价值 V_U 要大，而且公司的负债杠杆比率越高，公司的价值越高，当公司负债达到 100% 时，公司的价值最大。其次，有债务公司的权益资本是其财务杠杆的增函数，它等于无债务权益资本成本加上负债风险溢价，风险溢价的大小由公司财务杠杆与所得税税率决定。但由于利息可在税前扣除，而股息支付只能在税后进行，这就使得权益资本的税后收入要比无税环境下MM 定理中的权益资本要低。因此，当存在公司所得税时，加权平均资本成本（WACC）随着财务杠杆的增加而下降，这也意味着公司的价值并不与公司资本结构独立。

总之，在引入公司所得税后，Modigliani 和 Miller（1963）认为，公司的价值与公司资本结构相关，公司的最优资本结构是 100% 的债务融资。

2.1.1.3 权衡理论模型

扩展的 MM 定理只考虑了债务税盾对企业的正面影响。但负债就意味着要定期还本付息，因此，债务比率增加将会相应加大企业的财务风险。最终的危机是破产，此时企业资产的所有权法定上由股东转移给债权人。因而必须对公司负债得到的税收收益和其产生的成本进行权衡，这就是权衡理论产生的根源。

Robichek 和 Myers（1966）提出了通过破产成本和债务融资税收收益之间的权衡来构建最优资本结构。Kraus 和 Litzenberger（1973）通过构造一个"状态—偏好"框架来权衡公司的破产成本和债务所带来的税收收益，以获得债务水平少于 100% 的最优资本结构。在完全的资本市场下，有 N 种可能的状态出现和企业只发行两种证券，一种为"债券"另一种为"股票"的假设下，导出了负债融资时企业总市场价值的表达式。结果表明，负债融资企业的总市场价值等于没有负债融资企业的总市场价值加上所有状态下负债融资的税收利益减去破产成本现值。

Scott（1976）用连续变量构造了相同的框架，经验结果显示，破产成本并不能抵消债务的税收收益。若不考虑成本的类型，权衡含义与 Modigliani 和 Miller（1963）相类似：公司所得税税率的增加会刺激公司进行债务融资的积极性；公司价值随着债务利用率的增加而增加，并在边际成本等于边际收益时达到最大。这时，加权平均资本成本将呈现先减后增的"U"型变化趋势。而使资本成本最小的负债额，就是使公司价值最大化的负债水平。

2.1.1.4 Miller 模型

Miller（1977）通过引入个人所得税因素，认为在没有破产成本和代理成本的情况下，个人所得税能抵销"100% 债务"所带来的税收收益。

在引入个人所得税后，企业的价值可表示为：

$$V_L = V_U + \left[1 - \frac{(1 - \tau_C)(1 - \tau_S)}{1 - \tau_B} \right] D \qquad (2.2)$$

其中，V_L 为杠杆企业价值；V_U 为无杠杆企业价值；τ_C 为企业所得税税率；τ_S 为股票收入个人所得税税率；τ_B 为债券收入个人所得税税率；D 为负债价值。对式（2.2）式中的 τ_C、τ_S 和 τ_B 的不同取值，将使企业得从杠杆经营中获得的收益可能完全消失或甚至转向负值。Miller（1977）认为，个人所得税的引入仍然支持公司价值与公司的资本结构无关的命题，因为公司发行负债所获得的债务税盾完全被负债的边际个人所得税损失所抵消。当税率满足 $1 - \tau_B = (1 - \tau_C)(1 - \tau_S)$ 时，公司发行负债所获收益完全被个人所得税损失所抵消。

2.1.1.5 非债务税盾模型

DeAngelo 和 Masulis（1980）通过引入非债务税盾①扩展了 Miller（1977）的税差模型。DeAngelo 和 Masulis（1980）认为，在其他条件都相同的情况下，非债务税盾和已存在的债务利息扣除降低了公司举债的税收激励，即非债务税盾是限制债务融资的一个重要因素。

根据 DeAngelo 和 Masulis（1980）的研究，只要企业能充分使用所有的税盾，负债的供给曲线是完全弹性的。超过这个充分使用点，企业只有在与附加负债相关的税盾损失得到补偿时才愿意发行负债。结果负债供给曲线平滑向上倾斜，每个企业具有一个内部最优负债水平，其通过相对市场价格与相对边际个人所得税税率之间双重相互关系的"权衡"来决定。

DeAngelo 和 Masulis（1980）还提出了一系列可检验的假设。这些假设包括：（1）杠杆与企业价值相关；（2）非债务税盾的减少增加企业使用负

---

① 非债务税盾（NDTS）是指除了债务利息之外的其他费用，如折旧、投资税收抵免和税务亏损递延。

债的数量；（3）易遭受更大边际破产成本的企业使用更少的负债；（4）面临低企业所得税税率的企业在其资本结构中使用更少的负债。

2.1.2 实证文献回顾

关于税收因素与公司资本机构关系的实证文献汗牛充栋，这些经验研究大都是围绕税收因素是否影响公司资本结构以及影响的程度是多少而展开的。

2.1.2.1 公司所得税税率与公司资本结构选择

Givoly 等（1992）利用 1986 年美国公司所得税税率大幅下降的背景的来考察公司所得税税率与公司资本结构选择之间的关系。Givoly 等人（1992）通过有效税率对债务的变化进行回归分析，结果表明两者之间存在着显著的负相关性，这意味着高税率公司的债务比率比低税率公司的债务比率下降的快，即高税率公司在所得税税率大幅下降的情况下会大幅度减少债务。Grant 和 Roman（2007）利用澳大利亚税改中公司有效税率的变动进行检验，他们同样发现有效税率与公司杠杆显著负相关。

MacKie-Mason（1990）采用滞后的边际税率来解释现期的融资决策，发现税率与杠杆比率之间是成正相关的关系。Graham（1996）通过分析 10 240 家公司从 1980～1992 年的年度数据，发现公司边际税率与债务比率的变化呈正相关。即高边际税率公司比低边际税率公司有更高的积极性发行债券。类似结论的文献还包括 Graham 等（1998）、Graham（1999）以及 Graham 和 Mills（2007）。

前面的实证文献已经证实了在横截面上税收因素会影响不同公司的资本结构决策，那么在时间序列上税收因素会不会影响同一个公司的资本结构决策呢？Baker 和 Wurgler（2002）证明了每股市场价值/每股账面价值和债务/权益会持续影响公司的债务比率长达十年以上。Lemmon 等人（2006）也证明，即使税收状况发生了变化，公司也会保留最初的债务比率长达数十年之久。

Pittman 和 Klassen（2001）检验了公司首次公开募股后几年的资本结构。他们将每年的截面数据进行回归，发现税收对前几年的债务使用存在一个正的影响，但这个正相关随着公司的成长而变小，并导致重新融资交易成本的提高。此外，Pittman 和 Klassen（2001）还发现了随着时间的推移，公司会使用相对较多的非债务税盾。

以上文献大都采用的是 Compustat 数据库[①]的数据。近年来，部分学者尝试用纳税申报单的数据来进行相关分析。Gordon 和 Young（2001）运用 SOI[②] 中所有公司的所得纳税申报单数据，来估计公司所得税税率的变化对不同规模公司债务政策的影响，检验结果表明，税收对债务水平的影响具有统计显著性。

Matheson（2006）合并 1036 家公司的 SOI 与 Compustat 数据进行检验，其结果显示边际税率与公司债务水平是呈负相关，但滞后边际税率与债务变化是呈正相关的。

Graham 和 Mills（2007）根据上市公司 1998～2000 年纳税申报单数据对公司边际税率进行模拟，发现用纳税申报单数据模拟的边际税率与财务报表的债务比率是呈显著正相关的。

2.1.2.2　非债务税盾与公司资本结构选择

DeAngelo 和 Masulis（1980）认为，除了利息，非债务税盾也可以为公司在所得税上获得税收收益。因此，经验研究都尝试着证实债务税盾与非

---

① "Compustat" 数据库是美国著名的信用评级公司标准普尔（Standard & Poor's）的产品。数据库收录有全球 80 多个国家中的 5 万多家上市公司及北美地区公司的资料，其中包括 7 000 多家亚洲的上市公司。

② Statistics of Income。

债务税盾的替代关系。MacKie-Mason（1990）、Givoly 等（1992）以及 Fama 和 French（1998）均发现了非债务税盾与债务税盾之间存在着替代关系。

Bradley 等（1984）通过对非债务税盾①、研究开发支出、EBITDA（未计利息、税项、折旧及摊销前的利润）的时间序列波动和行业虚拟变量进行特定公司债务价值比率的回归，却发现债务税盾与非债务税盾呈正相关的关系。

学者认为债务税盾与非债务税盾之所以呈正相关的关系主要有以下两种观点：一种观点是以 Dotan 和 Ravid（1985）以及 Dammon 和 Senbet（1988）为代表的学者认为由于非债务税盾与收益和投资是成正相关的，所以如果有收益的公司通过举债进行大量的投资，就会导致债务与非债务税盾成正相关性，进而覆盖了利息与非债务税盾之间的税收替代作用。另一种观点则认为非债务税盾只会在影响公司边际税率的范围内进而对债务决策产生影响，而且只有对适度收益的公司，非债务税盾才可能充分影响边际税率，进而影响债务政策（MacKie-Mason，1990；Dhaliwal 等，1992）。

2.1.2.3　个人所得税与公司资本结构选择

Gordon 和 MacKie-Mason（1990）的研究表明，在 1986 年美国税改后，债务税收收益在扣除个人所得税后呈上升趋势。Miller（1977）的研究表明债务的比率是由公司所得税与个人所得税共同决定，Gordon 和 MacKie-Mason（1990）的研究表明公司的总债务比率在税改后只有轻微的提高。

利息所得税税率通常比股利所得税税率高，因此，投资债券者会比投资股票者要求更高的风险收益率，这是公司举债的一种"税收惩罚"。Graham（1999）为衡量个人所得税的"税收惩罚"，运用特定公司 1973～1994 年的数据来检验命题，Graham 发现公司所得税与债务使用之间呈正

---

① 用折旧加上投资税收抵免来衡量。

相关，而个人所得税税收惩罚与债务使用之间呈负相关。与之相反，Dhaliwal 等（2005）却未找到能证明个人所得税影响资本成本的证据。

2.1.2.4 国内实证研究

国内学者研究公司资本结构的税收因素也已形成了一些颇有价值的结论。理论文献方面，宋献中（2001）从定性的角度对资本结构与税收的相关性进行了分析，认为可以通过比较追增负债与追增资本所产生的税收效应的差异，及权益资本收益率的差异，确定最佳税收筹划绩效的负债比率的上下限。

王志强（2003，2004）从税收非中性的角度出发，根据 Graham（2000）的债务税盾收益曲线模型，对中国上市公司债务的保守程度进行分析，并以上市公司债务税盾拐点为因变量，构建了一个用于分析债务利益和成本因素对上市公司利用债务税盾影响的模型。

敬志勇等（2003）则在不确定条件下建立了负债抵税价值期望值模型和破产成本期望值模型，在统一的负债区间内分析了负债的利息抵税净收益，确定了存在利息抵税净效应最高时的最优负债数额和最优资本结构。

实证研究方面，冯根福等（2000）选取 1996 年以前上市的公司 4 年的财务数据，对中国上市公司资本结构的影响因素进行实证分析，得出债务税盾与债务比率正相关，而非债务税盾与债务比率负相关的结论。

陈维云等（2002）选取深圳证券交易所上市的 217 家公司 1995～2000 年的财务数据，利用多元回归的方法分析出中国上市公司资本结构与实际税率不相关的结论。

黄贵海和宋敏（2004）以及肖作平（2004）考察了中国上市公司资本结构的若干决定因素，认为在中国有效税率对资本结构不大可能产生显著影响。李霞（2008）利用 1998～2006 年中国上市公司的面板数据考察了税收和公司资本结构之间关系，认为税收（无论是非债务税盾还是债务税盾）对公司资本结构的影响程度非常小。

总之，理论文献强调了公司所得税税率、非债务税盾与最优公司资本结构之间的关系，并提出了一些可供检验的理论假说。但实证文献却还没有得出一致的结论，理论假说还有待新证据进一步证实。

2.2　理论分析与研究假设

2.2.1　2008 年企业所得税改革影响资本结构的内容

完整地评估 2008 年企业所得税改革对公司资本结构的影响需要逐条分析新企业所得税法的条文，毫无疑问这是一项非常难以完成的任务，也远远超出了本书的研究范围。因此，有必要选出那些最有可能影响资本结构的内容。

本书的研究只考虑两项主要内容，那就是税率的变动和非债务税盾的变动，至于企业收入的确认的变动等项目并不列入研究，这是因为，这些条文对公司资本结构的影响很难从公开信息获得。

2.2.2　税收变化与资本结构调整

由于利息的税前扣除而产生税盾效应，在个人所得税为常数的条件下，公司所得税税率的高低就直接影响了债务税盾的大小，进而影响公司的资本结构。税率变量反映了债务税盾的税收收益，因此，理论分析均认为公司的杠杆会随着企业税率的增加而提高。但是这个结论却非常难以检验，如果没有所得税改革，那么在任何时点一个公司面临的法定税率均是不变的。但是企业资本结构的决策并不是取决于法定税率，而是取决于有效税率。因此，可以用有效税率来检验前面提出的理论假说。

因此，本书就 2008 年企业所得税改革的背景提出第一个研究假设：

假设 1　有效税率提高的公司将提高债务比率，而有效税率下降的公司将降低其债务比率。

正如 DeAngelo 和 Masulis（1980）所论证的，除了利息，非债务税盾也可以通过债务融资在公司所得税上获得税收收益，所以折旧、投资税收抵免和税务亏损递延等非债务税盾可作为负债融资税收利益的有效替代，在其他情况相同时，拥有较多非债务税盾的公司应更少地使用负债。因此，在权衡理论中，非债务税盾会部分抵消债务的税盾效应。

根据权衡理论，较高的非债务税盾会部分抵消债务税盾带来的税收收益，公司使用债务的激励更低；而当税率提高时，公司可以在增加举债与增加非债务税盾这两者之间进行选择。在其他条件都相同的情况下，非债务税盾降低了公司举债的税收激励，即非债务税盾是限制债务融资的一个重要因素。

因此，所以本书提出第二个研究假设：

假设 2　非债务税盾与债务比率呈负相关。

2.2.3　税收变化及其经济后果

税收变化对企业的盈利能力的影响是显而易见的。如果不考虑会计政策和股息政策的变动，在其他情况相同的情况下，所得税税率下降的上市公司的盈利能力将会有所提高，而所得税税率提高的上市公司的盈利能力将会下降。

因此，本书提出第三个研究假设：

假设 3　所得税税率提高的上市公司的盈利能力下降，所得税税率下降的上市公司的盈利能力提高。

2.2.4　资本结构调整及其经济后果

权衡理论认为，盈利能力较强的公司，其面临的财务困境成本较小；为了更好地利用利息的税盾效应，公司会提高债务比率获得更多的盈利以增加公司价值。这意味着债务比率应该与盈利能力呈正相关。

Myers（1984）却指出，债务比率与盈利能力之间的反比关系大概是最普及的经验结果，高盈利公司有大量内部留存可用以融资，相对而言，债务比率较高的公司盈利能力也较差。

大部分的经验研究，如 Titman 和 Wessels（1988）、Rajan 和 Zingales（1995）、Shyam-Sunder 和 Myers（1999）以及 Booth 等人（2001）也都发现了两者呈现负相关关系。因此，债务融资对企业盈利能力的影响是不明确的，所以本书提出第四个研究假设：

假设4　债务比率的上升不会提升上市公司的盈利能力。

第 *3* 章

实证模型

直观上，要考察所得税改革对上市公司资本结构的影响，就是要比较公司所得税改革前后两个时间段的上市公司资本结构的变化。但是，直接进行简单比较可能无法得出恰当的结论，因为交流前后上市公司资本结构的差异可能不是所得税改革的结果，而是由其他因素引起的。

另外，在此次所得税改革过程中，最大的变动是企业所得税税率的变动（相对而言，非债务税盾的变动较小）。一些上市公司的税率会上升，而另一些上市公司的税率会下降①，这两种不同方向的变化可能对上市公司资本结构以及盈利能力的影响不尽相同，一般的回归分析很难区别这两种不同的变化对公司资本结构的影响。一种解决思路是把所有的公司分成税率上升的公司和税率下降的公司分别进行回归，但由此可能会损失大量的观察值。

---

① 根据全国人民代表大会 2007 年 3 月 16 日审议通过的《中华人民共和国企业所得税法》的规定，内资企业的企业所得税税率由 33% 统一下调至 25%，而原先享受所得税优惠的公司将获得五年的缓冲期，所得税税率由 15% 逐渐提高到 25%，五年内的税率分别为：18%、20%、22%、24%、25%；另外，部分公司仍将执行优惠政策：（1）2007 年 3 月 16 日通过的《中华人民共和国企业所得税法》第二十八条中提到的"国家需要重点扶持的高新技术企业，减按 15% 的税率征收企业所得税"；（2）上述法律的第八章第五十七条中提到的"享受定期减免税优惠的，按照国务院规定，可以在本法施行后继续享受到期满为止，但因未获利而尚未享受优惠的，优惠期限从本法施行年度起计算"，比如 2008 年之前享受"两免三减半"、"五免五减半"等定期减免税优惠的企业；（3）根据国务院实施西部大开发有关文件精神，财政部、税务总局和海关总署联合下发的《财政部、国家税务总局、海关总署关于西部大开发税收优惠政策问题的通知》中的规定，西部大开发企业所得税优惠政策将继续执行。

双重差分法[1]可以有效解决以上问题，更重要的是，利用该方法可以把实证结果直接与其他国家[2]税制改革的实证结果做对比，因此，本书采用的回归方法为双重差分法。

具体而言，先构造有效税率上升的处理组（treated）和有效税率不变或者下降的对照组（controls）[3]，通过控制其他因素，比较公司所得税改革后的处理组和对照组之间的差异，从而检验企业所得税改革对公司资本结构的影响。

在实际操作中，本书把样本划分为 4 组：交流前的对照组、交流后的对照组、交流前的处理组和交流后的处理组。本书通过设置两个虚拟变量来度量这种样本划分：一个是 du ，取值是，处理组的为 1，对照组的为 0；另一个是 dt ，取值是，所得税改革之前的为 0，所得税改革之后的为 1。具体回归方程设定如下：

$$lev_{it} = \beta_0 + \beta_1 du_{it} + \beta_2 dt_{it} + \beta_3 du_{it} \times dt_{it} + \varepsilon_{it} \tag{3.1}$$

其中，i 和 t 分别表示公司和时间；lev 和 ε 分别是债务比率和扰动项。显然，本书最关心的是系数 β_3 ，它度量了所得税改革对有效税率上升的公司的资本结构的影响。具体解释如下：

在对照组，即 $du_{it} = 0$ ，由式（3.1）可知，所得税改革前后的债务比率分别记为：

$$lev_{it} = \beta_0 + \varepsilon_{it} ，当 dt_{it} = 0 时，所得税改革前 \tag{3.2}$$

$$lev_{it} = \beta_0 + \beta_2 + \varepsilon_{it} ，当 dt_{it} = 1 时，所得税改革后 \tag{3.3}$$

可见，在所得税改革前后期间，对照组的债务比率的变动为 $dif1 = \beta_2$ [4]。相应地，在处理组，即 $du_{it} = 1$ ，由式（3.1）可知，所得税改革前后的债

---

① 即 difference in difference，关于双重差分法的详细讨论，请参见 Persson（2004）以及 Giavazzi 和 Tabellini（2004）。

② 例如 1986 年美国税制改革。

③ 类似的处理可参见 Giavazzi 和 Tabellini（2004）。

④ 具体计算公式为 $(\beta_0 + \beta_2 + \varepsilon_{it}) - (\beta_0 + \varepsilon_{it})$。

务比率分别记为：

$$lev_{it} = \beta_0 + \beta_1 + \varepsilon_{it}, \text{当 } dt_{it} = 1 \text{ 时，所得税改革前} \qquad (3.4)$$

$$lev_{it} = \beta_0 + \beta_1 + \beta_2 + \beta_3 + \varepsilon_{it}, \text{当 } dt_{it} = 1 \text{ 时，所得税改革后} \qquad (3.5)$$

可见，在所得税改革前后期间，处理组债务比率的变动为 $dif2 = \beta_2 + \beta_3$ [1]。因此，2008 年企业所得税改革对有效税率增加的公司资本结构的"净影响"为，$dif2 - dif1 = \beta_2 + \beta_3 - \beta_2 = \beta_3$，即交叉项 $du_{it} \times dt_{it}$ 的系数 β_3。当前面的理论假说成立时，β_3 是显著的，而且是正的。

双重差分法因其操作简单且逻辑清晰，在公共政策分析和工程评估中被广泛使用[2]。采用倍差法评估政策变化的一个前提条件就是政策变化本身必须是外生的，不能与回归方程的误差项有相关性，即 $E[\varepsilon_{it} \mid du_{it} \times dt_{it}] = 0$。本书采用双重差分法评估企业所得税改革效应时直接假定企业所得税改革是外生的，这主要是因为，企业所得税改革属于国家决策，各公司并没有这方面的决定权。

在实证分析过程中，参照有关资本结构决定因素的实证文献，同时为了控制其他因素的影响，本书采用的回归模型为：

$$lev_{it} = \beta_0 + \beta_1 du_{it} + \beta_2 dt_{it} + \beta_3 du_{it} \times dt_{it} + \gamma X_{it} + \varepsilon_{it} \qquad (3.6)$$

其中，γ 为向量；X 为其他控制变量。在实证分析中，本书中之所以把式（3.1）具体化为式（3.6），是因为如果不考察所得税改革的影响，式（3.6）就是 Titman 和 Wessels（1988）等人基于公司资本结构理论所发展的实证模型。因此，从一定意义上说，本书是把双重差分法嵌入了标准的关于公司资本结构的实证模型，很显然这可以有效地解决双重差分法可能受到的控制变量缺失的威胁。同式（3.1）一样，β_3 是本书研究中最关注的参数，预计符号为正号，即企业所得税改革将促使税率上升的公司提高债务比率。

---

[1] 具体计算公式为 $(\beta_0 + \beta_1 + \beta_2 + \beta_3 + \varepsilon_{it}) - (\beta_0 + \beta_1 + \varepsilon_{it})$。

[2] 例如，史宇鹏等（2007）采用该方法，以计划单列市为控制组，研究了行政放权对经济效率的影响；周黎安等（2005）采用该方法考察我国农村税费改革的政策效果。

第章

时间窗、样本、变量及描述性统计

4.1　时间窗

新《中华人民共和国企业所得税法》于 2007 年 3 月 16 日第十届全国人民代表大会第五次会议审议通过，并于 2008 年 1 月 1 日起正式施行[①]。根据前面的理论分析和假说，企业杠杆比率的改变很有可能发生在 2008 年，也就是新《中华人民共和国企业所得税法》正式实施的第一年。

但是，必须正视的一个事实是，新《中华人民共和国企业所得税法》在正式实施前一个会计年度得以通过，企业有足够的动力和时间采取各种措施进行盈余管理[②]，这其中就有可能包括在 2007 年就通过改变企业的资本结构，推迟或提前实现盈余。

具体来说，2008 年之前，国内公司大体上可以分为两类：一类是税率

[①]　根据全国人民代表大会 2007 年 3 月 16 日审议通过的《中华人民共和国企业所得税法》的规定，原先享受所得税优惠的公司将获得五年的缓冲期，所得税税率由 15% 逐渐提高到 25%，五年内的税率分别为 18%、20%、22%、24%、25%。

[②]　以 1986 美国税制改革为例，该法案将美国企业的法定所得税税率降低了 12%，多位学者（Scholes 等，1992；Guenther，1994；Lopez 等，1998）的研究都证实了税率降低的确带来了显著的利润推迟现象。王跃堂、王亮亮和贡彩萍（2009）则证实了 2008 年企业所得税改革前后我国上市公司有盈余管理行为。

为 33% 的公司，税制改革后该类公司的税率将降低到 25%；另一类是税率为 15% 的公司，主要包括外商投资企业以及其他享受地区、产业优惠政策的企业，税制改革后一些公司的税率将提高到 18%。在不考虑货币时间价值的情况下，对于税率降低公司来说，如果将 2007 年的一元应税收益推迟到 2008 年的话，公司将获得 12% 的收益[①]；而对于税率提高公司，将 2008 年应税收益中的一元提前到 2007 年的话（与税率降低公司刚好相反），公司将获得 3.5% 的收益[②]。

在考虑货币时间价值的情况后，公司将利润推迟可以在税收上获得货币时间价值的好处，所以公司在转移利润时要综合考虑货币时间价值与税率变化这两类因素。对于税率降低公司推迟利润的行为来说，不仅税率降低幅度较大，而且还可以享受货币时间价值的好处；对于税率提高公司来说，由于税率逐年提高幅度较小，其转移利润的行为需要权衡获得低税率的好处与失去货币时间价值之间的关系。综上所述，面对所得税法改革带来的税率变化，税率降低公司将会推迟利润以获得税负降低和货币时间价值的双重好处，而税率提高公司由于两者之间关系的权衡问题不一定会将利润提前以降低税负。

如果上市公司的盈余管理是公司的资本结构变动引致的，那就意味着公司的资本结构先于所得税改革而变动，这将可能稀释企业所得税改革对公司资本结构的影响。为此，笔者分别对有效税率上升的上市公司和有效税率下降的上市 2006 年和 2007 年的资本结构做了非参数检验，结果发现无论是有效税率上升的上市公司还是有效税率下降的上市公司 2007 年的资本结构与 2006 年的资本结构相差不大。因此，可以推断上市公司盈余管理的渠道不是通过改变公司的资本结构。

除了 2008 年，本书中还将 2007 年的数据纳入了样本。虽然 2006 年公

---

① $1.12 \times (1 - 33\%) = 1 \times (1 - 25\%)$。

② $0.965 \times (1 - 15\%) = 1 \times (1 - 18\%)$。

司资本结构的决定与 2008 年企业所得税改革无关，但是，为了便于对比，本书中依然把 2006 年的数据纳入样本。考虑到 2008 年企业所得税改革的滞后性，本书中同时也将 2009 年的数据纳入样本。因此，本书研究中的时间窗一共有四年，即企业所得税改革前的 2006～2007 年和企业所得税改革后的 2008～2009 年。

4.2　样本

为考察企业所得税改革对公司资本结构的影响及其经济后果，本书以中国 A 股上市公司为研究对象，具体来说，以 A 股上市的非 ST① 类公司为研究对象。这是因为 ST 类的上市公司，其财务状况恶化，财务指标异常，若将这些公司纳入研究样本中，可能会使分析结果造成偏差而影响研究结论。

截至 2010 年 6 月 11 日，A 股共有非 ST 类上市公司 1 682 家，本研究执行如下样本筛选程序。（1）剔除在 2006 年 1 月 1 号之后发行上市的公司，共 530 家。为了便于使用所得税改革前后数据的对比，所以剔除了这些样本。（2）剔除金融类上市公司，共 17 家。众所周知，金融类企业的资本结构与其他行业的上市公司的资本结构迥然不同。（3）剔除 2006～2009 年当年所得税费用未知和非正的公司，共 413 家。如果无当年所得税费用或者当年所得税费用小于 0，公司主动调整资本结构降低税负的动因

---

① ST 是英文 Special Treatment 缩写，意即"特别处理"。该政策针对的对象是出现财务状况或其他状况异常的公司。1998 年 4 月 22 日，沪深交易所宣布，将对财务状况或其他状况出现异常的上市公司股票交易进行特别处理（Special treatment），由于"特别处理"，在简称前冠以"ST"，因此这类股票称为 ST 股。如果没有其他特殊情况，ST 股是指境内上市公司连续两年亏损，被进行特别处理的股票。

就不存在，因此予以剔除。（4）将 2007 年公司年报中披露的有效税率与 2008 年年报中公司披露的有效税率进行对比，有效税率上升[①]的上市公司 279 家，构成双重差分法中的处理组；有效税率下降[②]的公司一共 443 家，构成双重差分法中的对照组。本书数据均来源 WIND 数据库。表 4 - 1 给出了本研究样本选取的具体过程。

表 4 - 1　　　　　　　　　　　　　　样本选取表

样本	公司数（家）	描述
初选样本	1 682	全部 A 股非 ST 类上市公司
第（1）步剔除样本	-530	在 2006 年 1 月 1 日之后发行上市的公司
第（2）步剔除样本	-17	金融类上市公司（根据证监会行业标准确定）
第（3）步剔除样本	-413	2006～2009 年有年份无所得税费用和所得税费用小于 0 的公司
有效样本	722	有效税率上升公司（处理组）：279 家
		有效税率下降公司（对照组）：443 家

注：（1）样本选取的截止日期为 2010 年 6 月 11 日。

（2）有效税率的计算公式为：有效税率 = 所得税费用/当期税前利润总额。

（3）有效税率上升的公司是指 2008 年年报中公司披露的有效税率较 2007 年年报中公司披露的有效税率高的公司，有效税率下降的公司是指 2008 年年报中公司披露的有效税率较 2007 年年报中公司披露的有效税率低的公司。

资料来源：Wind 中国金融数据库。

表 4 - 2　　　　　　　　　　　　按行业类别的样本分布

行业	行业代码	公司数量（家）	占总样本的百分比（％）
农、林、牧、渔业	A	7	0.97
采掘业	B	22	3.05
制造业	C	372	51.52
电力、煤气及水的生产和供应业	D	32	4.43
建筑业	E	16	2.22
交通运输、仓储业	F	41	5.68
信息技术业	G	36	4.99
批发和零售贸易	H	65	9.00
金融、保险业	I	0	0.00

---

① 有效税率上升的公司是指 2008 年年报中公司披露的有效税率较 2007 年年报中公司披露的有效税率高的公司。

② 有效税率下降的公司是指 2008 年年报中公司披露的有效税率较 2007 年年报中公司披露的有效税率低的公司。

续表

行业	行业代码	公司数量 （家）	占总样本的百分比 （％）
房地产业	J	62	8.59
社会服务业	K	25	3.46
传播与文化产业	L	6	0.83
综合类	M	38	5.26

注：（1）样本的选取过程参见表 4-1。

（2）行业分类和行业代码是根据中国证监会 2001 年 3 月 6 日颁布的《上市公司行业分类指引》对这 722 家公司按行业门类进行分类的结果。

资料来源：Wind 中国金融数据库。

表 4-2 是根据中国证监会颁布的《上市公司行业分类指引》对这 722 家公司按行业门类进行分类的结果。公司数量多的行业，一是制造业①，一共有 372 家，约占总样本的 51.52%；二是批发和零售贸易行业，约占总样本的 9%；三是房地产业②，约占总样本的 8.59%。

表 4-3 给出了样本分布的其他特征。在总样本的 722 个上市公司中，一共有同时发行 B 股③的上市公司 44 家，约占总样本的 6.09%；属于沪深 300④的上市公司有 188 家，约占总样本的 26.04%；国有企业⑤的数目达到了 464 家，约占总样本的 64.27%，这与当初为国有企业融资而构建资本市场的初衷是一致的；企业总部位于西部省份⑥的上市公司只有 126 家，

---

① 制造业是指对制造资源（物料、能源、设备、工具、资金、技术、信息和人力等），按照市场要求，通过制造过程，转化为可供人们使用和利用的工业品与生活消费品的行业，包括扣除采掘业、公用业后的所有 30 个行业。

② 房地产业是指是以土地和建筑物为经营对象，从事房地产开发、建设、经营、管理以及维修、装饰和服务的集多种经济活动为一体的综合性产业。主要包括：土地开发、房屋的建设、维修、管理，土地使用权的有偿划拨、转让、房屋所有权的买卖、租赁、房地产的抵押贷款，以及由此形成的房地产市场。

③ 特指中国上市公司发行的人民币特种股票。以人民币标明面值，以外币认购和交易，在中国境内证券交易所上市。B 股市场于 1992 年建立，2001 年 2 月 19 日前仅限外国投资者买卖，此后，B 股市场对国内投资者开放。

④ 沪深 300 是沪深 300 指数的简称，是一种反映 A 股市场整体走势的指数。沪深 300 一共包含 300 只股票，覆盖了沪深市场 60% 左右的市值，具有良好的市场代表性和可投资性。

⑤ 国有企业是指政府或国有企业（单位）拥有 50% 以上股本，以及持有股份的比例虽然不足 50%，但拥有实际控制权（能够支配企业的经营决策和资产财务状况，并以此获取资本收益的权利）或依其持有的股份已足以对股东会、股东大会的决议产生重大影响的公司。

⑥ 西部省份包括西藏、新疆、青海、甘肃、宁夏、云南、贵州、四川、重庆、广西和内蒙古。

而企业总部位于东部省份①的上市公司高达 446 家，这也从侧面反映了中国当前区域经济发展的不平衡。

表 4 - 3　　　　　　　　　　样本分布的其他特征

特征	公司数目（家）	占总样本的百分比（%）
同时发行 B 股的上市公司	44	6.09
属于沪深 300	188	26.04
国有企业	464	64.27
企业总部位于西部省份	126	17.45
企业总部位于东部省份	446	61.77

注：样本的选取过程参见表 4 - 1。

资料来源：Wind 中国金融数据库。

4.3　变量及描述性统计

4.3.1　各变量的探讨和构建

为了构建实证检验模型，本书根据先前的实证文献，并结合中国的实际情况，对各研究变量进行探讨，并给出捕捉这些变量的代理。

4.3.1.1　资本结构

资本结构可以以不同的方式定义。资本结构代理变量的选择取决于分析的目标（Rajian & Zingales，1995）。可供选择的资本结构理论建议根据研究的目的使用各种代理变量来度量资本结构②。

---

① 东部省份包括北京、天津、河北、辽宁、山东、江苏、浙江、福建、广东和海南。

② 例如，对代理问题的相关研究，资本结构可以定义为负债对公司价值之比；非权益类负债对总资产比率在企业面临清算时也许是合适的；利息覆盖比率可能更适合财务杠杆和财务困境的研究。

就研究资本结构的影响因素的实证文献来看，Bradley 等（1984）以长期负债的账面价值/（长期负债账面价值＋权益市场价值）① 作为公司资本结构的代理变量；Titman 和 Wessels（1988）以短期负债/权益账面价值、长期负债/权益账面价值、可转换债券/权益账面价值、短期负债/权益市场价值、长期负债/权益市场价值和可转换债券/权益市场价值作为公司资本结构的代理变量；Mehran（1995）以长期负债/总资产账面价值作为公司资本结构的代理变量；Rajian 和 Zingales（1995）以非权益类负债对总资产比率、借款对总资产比率、借款对净资产比率、借款对资本比率和利息覆盖率作为公司资本结构的代理变量；Berger 等（1997）以总负债账面值/总资产账面值、总负债账面值/（总负债账面值＋权益市场价值）作为公司资本结构的代理变量；Wald（1999）则以长期负债/总资产账面价值、总负债/总资产账面价值作为公司资本结构的代理变量。

由于不同类型负债具有不同的含义，解释变量对负债到期有不同的影响，本研究主要采用三个负债比率度量资本结构：（1）总负债/总资产，即资产负债率；（2）流动负债/总资产，即流动负债率；（3）长期负债/总资产，即长期负债率。

资产价值可以分别采用账面值和市场值。Titman 和 Wessels（1988）的研究表明，有些经理在设定公司负债时，考虑基于负债和权益的账面价值，而有些经理是基于市场价值。Glison（1997）则认为，在测度资本结构时，无论是用账面价值还是市场价值，都存在测量误差。

但 Bownan（1980）表明财务杠杆的账面价值和市场价值的相关关系较高，因此，使用账面计量而造成错误设定的可能性较小。Myers（1977，1984）认为，经理人员更依赖于账面度量，因为账面价值代表公司资产的固定或偿还价值。Bradley 等（1984）认为，负债的账面价值比负债的市场价值更能代表向债权人的承诺支付。

---

① 所有变量均取 1962~1981 年这 20 年的平均值。

因此，本书倾向于采用账面值对资产进行测度。除了 Bownan（1980）、Myers（1977，1984）和 Bradley 等（1984）给出的原因，还有其他两方面的原因：首先，中国股市的波动性太大，市场价值经常会发生戏剧性的变化使得其在实证研究中和管理者在财务政策的实施中较难使用。一般认为，市场的潜在波动造成了以基于市场价值计算的负债比率的大幅度波动。其次，中国的债券条款中对负债的限制也经常以账面价值而不是市场价值表示。

表 4-4 给出了样本公司资本结构历年均值。可以看到，中国上市公司的负债结构比较特殊，以流动负债为主，这与 Chen（2004）和李霞（2008）的研究是一致。同时还可以看到，从 2007~2008 年，有效税率上升的上市公司的总杠杆比率的均值从 47.65% 上升到 48.16%，而有效税率下降的上市公司的总杠杆比率的均值从 48.93% 下降到 48.04%。

表 4-4	样本公司资本结构历年均值			单位:%
项目	2006 年	2007 年	2008 年	2009 年
有效税率上升的公司				
流动负债占总资产的比重	43.55	40.56	40.24	38.48
长期负债占总资产的比重	7.76	7.77	8.58	10.50
总负债占总资产的比重	50.78	47.65	48.16	48.50
有效税率下降的公司				
流动负债占总资产的比重	41.34	40.56	39.73	38.54
长期负债占总资产的比重	8.93	9.12	9.06	11.34
总负债占总资产的比重	49.38	48.93	48.04	49.20

注：（1）样本的选取过程参见表 4-1。

（2）有效税率的计算公式为：有效税率 = 所得税费用/当期税前利润总额。

（3）有效税率上升的公司是指 2008 年年报中公司披露的有效税率较 2007 年年报中公司披露的有效税率高的公司，有效税率下降的公司是指 2008 年年报中公司披露的有效税率较 2007 年年报中公司披露的有效税率低的公司。

资料来源：Wind 中国金融数据库。

4.3.1.2 税率变量

税率变量的度量方法分为两大类，即边际税率和实际有效税率。DeAngelo 和 Masulis（1980）的研究表明，公司边际税率影响资本结构决策，并且边际税率随公司可获得折旧的变化而变化。也就是说，公司利息抵减有效边际税率取决于公司的非债务税盾。Mackie-Mason（1990）采用Probit模型研究了公司边际税率对公司融资决策的影响。他的研究表明，公司边际税率的改变影响融资决策，边际负债偏好与实际边际税率正相关。

由于不能获得相关数据来分析类似Mackie-Mason提出的税收效应，本书中采用有效税率来度量税率变量。Cordes和Sheffrin（1983）利用增加利息扣除所带来的有效税率来代理税率变量。Fischer等（1989）将账面税额/税前利润定义为有效税率。Givoly等（1992）用实际支付的税额/税前利润来衡量有效税率。Booth等（2001）也是采用实际支付的税额和税前利润的比值来定义有效税率。同Givoly等（1992）、Booth等（2001）一样，本书中同样采用实际支付的税额和税前利润的比值来定义有效税率。

4.3.1.3 非债务税盾

DeAngelo和Masulis（1980）认为，除了利息，非债务税盾也可以通过债务融资使公司在所得税上获得税收收益，因此，折旧、投资税收抵免和税务亏损递延等非债务税盾可作为负债融资税收利益的有效替代，在其他情况相同时，拥有较多非债务税盾的公司会降低杠杆比率。

Bradley等（1984）采用（折旧＋投资税收抵免）/利息和折旧和税收前利润（EBIDT）作为非债务税盾的代理变量；Titman和Wessels（1988）采用的是投资税收抵免/资产和折旧/资产这两个比率以及它们的组合来作为非债务税盾的代理变量；类似的文献还有MacKie-Mason（1990）用的是亏损后转和投资税收抵免；Givoly等（1992）用的是折旧、投资税收抵免和亏损后转；Fama和French（2002）用的是折旧和研发支出；Wald（1999）等研究采用折旧费用占总资产的比重。本书中同样采用折旧占总资产的比重来度量非债务税盾。

4.3.1.4 公司规模

大量文献表明公司规模是影响公司资本结构的一个重要因素。一般来说，大公司倾向于多元化经营，具有较稳定的现金流量和较强的抗风险能力，不容易受财务困境的影响。

但理论分析并没有取得一致的研究结论。Myers（1977）认为，由于在大公司中管理者自由度和成长机会较少，所以大公司的边际破产成本较低，因此，大公司应比小公司使用更高的杠杆比率。Warner（1977）的研究同样发现破产成本随公司规模的增大而减少，因此，大公司的负债比率更高。Fama 和 Jensen（1983）认为，与小公司相比，大公司更愿意向贷款人提供更多信息。这使得贷款人对大公司的监督成本较少，因此，大公司比小公司具有更高的借贷能力。Fama（1985）认为，由于监督小公司的成本相对较高，因此，大公司更容易从债券市场筹集资金，同时还能以更低的成本进行借贷。

而 Rajan 和 Zingales（1995）则认为，与小公司相比，大公司乐意向公众提供更多的信息，公司规模可能与内部人和外部投资人间的信息不对称水平负相关，因此，人们对大企业的了解更多，信息不对称的程度更低。从啄食次序理论来看，大公司应更倾向于权益融资，因而具有较低的杠杆水平。

关于规模与资本结构的实证研究同样没有获得一致的结论。Marsh（1982）、Rajan 和 Zinganles（1995）、Wald（1999）和 Booth 等（2001）的研究发现，公司规模与负债水平正相关。而 Chaplinsky 和 Niehaus（1990）、Kester（1986）、Kim 和 Sorensen（1986）、Titman 和 Wessels（1988）的研究表明，公司规模与负债水平负相关。

对于公司规模的度量，Friend 和 Lang（1988）、Wald（1999）、Hovakimian 等人（2001）等研究采用总资产的自然对数，Titman 和 Wessels（1988）、Rajan 和 Zingales（1995）等研究采用主营业务收入的自然对数。本书研究中采用总资产的自然对数度量公司规模。

4.3.1.5 资产的流动性

资产流动性对资本结构选择的影响是不确定的。一方面，高流动性的公司短期到期负债支付能力较强。因此，资产流动性应与负债水平正相关；另一方面，具有较多流动资产的公司也许会用这些资产来为其投资融资。因此，资产的流动状况会降低公司的负债水平。

Jensen（1986）提出自由现金流较高公司的经理普遍缺乏自律性。Jensen（1986）的研究意味着，有自由现金流成本的公司应发行债务来约束经理，以使公司的管理更有效率。正如 Prowse（1990）指出的那样，可以用资产的流动性来表明股东以债权人的利益为代价来操纵这些资产的程度。

本书研究中采用速动资产占总资产的比重来度量资产的流动性。

4.3.1.6 破产可能性

负债的一个重要特征是定期支付利息和按期偿还本金，它承诺要求权期到时的固定定期清偿。而具有较大波动性的公司往往有盈余水平低于其负债支付承诺水平的风险，这将导致以高成本安排资金来偿还负债或面临更高的破产风险。因此资本结构理论模型认为杠杆比率与商业风险负相关。即负债的使用和现金流量的变异性都增大了破产概率，具有更大商业风险的公司应使用更低的杠杆比率。

实证文献如 Bradley 等（1984）、Friend 和 Lang（1988）、Prowse（1990）、Bathala（1994）均表明，具有较大商业风险的公司倾向于使用低的负债水平。MacKie-Mason（1990）、Graham（1996，1999）以及 Graham

等人（1998）却发现，财务困境越大的公司借债越多。

大量文献在分析财务困境对公司增加举债的影响时，都会用 Altman（1968）的 Z 值（Z-score）。Z-score 是用于预期公司财务困境的值，它采用不同的权重来综合留存收益、营运资本、利息收入、市价与账面价值比以及主营业务收入占总资产的比重，Z-score 越低则表示公司破产的概率越高。MacKie-Mason（1990）与 Graham 等（1998）将 Z 值修正为：（3.3 × EBIT + 主营业务收入 + 1.4 × 留存收益 + 1.2 × 营运资本）/总资产。本书中同样采用 Z-score 来度量破产可能性。

4.3.1.7 成长机会

成长机会和企业债务比率的关系同样不确定。Myers（1977）认为，高成长性公司对未来投资具有更多的选择权，具有更多成长机会的公司应当使用权益融资以避免错过净现值为正数的项目。如果高成长性公司需要外部权益融资来投资，那么拥有大量负债的公司可能会放弃这个机会，因为这种投资会使财富从股东转移到债权人身上，即产生投资不足问题。从这个角度来看，高成长机会应该与杠杆比率负相关。Jensen（1986）和 Stulz（1990）认为，具有更少成长机会的公司应使用更多的负债，即成长性与负债水平负相关，因为负债具有纪律作用，可以阻止经理投资一些不良的项目。Jung 等（1996）的研究表明，企业应该用权益为其成长机会融资，因为权益融资将减少股东和经理人之间的代理成本。

大量实证文献支持了成长机会和杠杆比率负相关的结论。Bradley 等（1984）、Titman 和 Wessels（1988）、MacKie-Mason（1990）以及 Shyam-Sunder 和 Myers（1999）发现，杠杆比率与企业的研发支出呈负相关的关系。与之类似，Rajan 和 Zingales（1995）、Graham 等（1998）、Hovakimian 等（2001）、Fama 和 French（2002）以及 Frank 和 Goyal（2003）发现，

杠杆比率与市场/账面的比值负相关。Kim 和 Sorensen（1986）、Smith 和 Watts（1992）、Wald（1999）、Booth 等（2001）的研究同样也发现成长性与负债水平负相关。

但是，由于成长机会较高的公司多数属于新兴行业，具有较大的经营风险，因而可能难以获得充足的长期贷款。为了弥补其大量的资金需求，这些公司往往选择短期贷款作为其资金来源。因此，总负债率和成长性之间的关系也可能不显著甚至正相关。Titman 和 Wessels（1988）、Chaplinsky 和 Niehaus（1990）的研究发现，成长性与负债水平负相关，但不显著。而 Kester（1986）、Majluf（1984）的研究发现，成长性与负债水平正相关。

Rajian 和 Zingales（1995）采用 Tobin'Q 来度量企业的成长性，Booth 等人（2001）则采用权益市场—账面值，Titman 和 Wessels（1988）采用资本支出/总资产和研究开发费用/销售收入，Wald（1999）则是采用销售收入增长的五年平均值，Short、Keasey 和 Duxbury（2002）则是采用总资产的增长率来测度。本书中采用销售收入的增长率来度量企业的成长性。

4.3.1.8　资产构成

关于资产类型对杠杆比率的影响有两种截然不同的观点。

第一种观点认为，有形资产比无形资产的变现性强很多，因此，有形资产可以作为公司举债时的有力担保，并在发生财务困境时向债权人提供安全性。正是因为有形资产的担保价值从而使得公司面临相对低的债务成本，并由此可能拥有较高的杠杆比率。

Scott（1977）、Myers 和 Majluf（1984）证明了有担保的债务会增加公司价值或降低公司的债务成本。而 MacKie-Mason（1990）、Rajan 和 Zingales（1995）以及 Graham 等（1998）的研究也支持这种观点。

　　第二种观点认为，如果考虑了代理成本后，那么，两者可能会呈负相关的关系。Titman 和 Wessels（1988）认为，拥有较多可作抵押资产的公司的代理成本较低，因此，这些公司可能会选择较低的杠杆。

　　对于资产有形性的度量，MacKie-Mason（1990）、Graham 等（1998）、Graham（1999）与 Hovakimian 等（2001）采用的公式是（不动产 + 工厂 + 车间与设备）/资产；Wald（1999）采用存货与总资产的比重来度量；Rajan 和 Zingales（1995）采用固定资产占总资产的比重来测度，Titman 和 Wessels（1988）、Moh'd，Perry 和 Rimbey（1998）等研究采用存货和固定资产的价值之和占总资产的比重。本书中采用有形资产占总资产的比重衡量资产的有形性。

4.3.1.9　盈利能力

　　权衡理论认为，盈利能力较强的公司面临的财务困境成本较小，为了更有效地利用利息的税盾效应，公司会提高债务比率以增加公司价值。这意味着盈利能力与债务比率正相关。但 Myers（1984）却指出，杠杆与盈利能力应该呈反比关系，因为高盈利公司有大量内部留存可用以融资，因此，杠杆比率较低。

　　Friend 和 Lang（1988）、Kester（1986）、Titman 和 Wessels（1988）、Rajan 和 Zingales（1995）、Wald（1999）、Booth 等（2001）、Michaelas 等（1999）、Bevan 和 Danbolt（2001）的研究表明，获利性与负债水平呈负相关的关系。Long 和 Maltiz（1985）的研究发现，企业获利能力与负债水平正相关，但相关关系不显著。Chaplinsky 和 Niehaus（1990）的研究却发现自由现金流量与负债水平负相关。

　　衡量公司盈利能力的指标有两种：营业收入/总资产（或总销售额）（MacKie-Mason，1990；Shyam-Sunder 和 Myers，1999；Graham，1999、2000；Welch，2004）；EBIT 与总资产的比率或者是 EBIDT 与总资产的比

率（Rajan 和 Zingales，1995；Fama 和 French，2002）。本书中采用息税前利润与总资产的比率来度量盈利能力。

4.3.1.10 产生现金流的能力

Jensen（1986）提出自由现金流量假说，也称为自由现金流量的代理成本理论。即债务融资会通过约束自由现金流量，减少经理人员可用于相机处理的现金流量，降低经理人员的控制权，对企业代理问题产生积极影响，并增加企业的价值。

为了检验 Jensen（1986）提出的自由现金流量假说，本书借鉴 Miguel 和 Pindada（2001）的方法，采用经营活动现金流量与总资产的比值来度量企业产生现金流的能力①。

表 4-5 是上述公司各杠杆比率以及公司特征变量定义的总结。

表4-5   **变量定义表**

变量名称	变量符号	变量定义
杠杆比率（因变量）		
资产负债率	lev	总负债/总资产
流动负债率	clev	流动负债/总资产
长期负债率	llev	长期负债/总资产
公司特征变量（自变量）		
公司所得税税率	tax	所得税/利润总额
非债务税盾	ndts	当期计提折旧与摊销/总资产
公司规模	size	总资产的自然对数
资产流动性	liqu	流动资产/流动负债
财务困境	Zscore	$(3.3 * EBIT + 主营业务收入 + 1.4 * 留存收益 + 1.2 * 营运资本)/总资产$
成长机会	grow	主营业务营业收入同比增长率

---

① 经营活动现金流量计算公式为：经营活动现金流量 = 净利润 + 计提的坏账准备 + 累计折旧的增加 + 待摊费用摊销 + 预提费用 + 财务费用 - 投资收益 + 递延税款贷项 + 存货的减少 + 经营性应收项目的减少 + 经营性应付项目的增加。

续表

变量名称	变量符号	变量定义
资产构成	tang	有形资产/总资产
盈利能力	prof	EBIT/总资产
现金流量	cf	经营活动现金流/总资产

注：（1）EBIT 指息税前利润。
（2）经营活动现金流量 = 净利润 + 计提的坏账准备 + 累计折旧的增加 + 待摊费用摊销 + 预提费用 + 财务费用 – 投资收益 + 递延税款贷项 + 存货的减少 + 经营性应收项目的减少 + 经营性应付项目的增加。

4.3.2 各变量的描述性统计及相关性

表 4-6 给出了总样本各变量的描述性统计。可以看到，将 2008 年税改后有效税率上升的公司和下降的公司合并后，中国上市公司的负债仍以流动负债为主，公司的长期负债只占公司全部负债的 18.95%，这与前面将有效税率上升和下降的公司分别考察时的结果是一样的。同时还可以看到，中国上市公司的平均有效税率为 25.26%，与中国其他公司相比，这是比较低的，主要的原因来自中国各级政府对上市公司的税收优惠以及中国各级政府之间的税收竞争①。从有效税率的标准差来看，高达 55.43%，主要原因还是在于中国各级政府五花八门的税收优惠政策。

表 4-6　　　　　　　　　总样本各变量描述性统计

变量名	Obs	Mean	Std. dev.	Min	Max
lev	2 888	48.85	18.62	1.85	300
clev	2 888	40.29	17.59	0.82	231.25
llev	2 670	9.26	10.67	0.00	68.75
tax	2 886	25.26	55.43	0.07	1 843.58
ndts	2 797	2.67	1.75	– 1.82	18.57

① 这既包括上下级政府之间的"垂直税收竞争"，也包括同级政府之间的"横向税收竞争"。

续表

变量名	Obs	Mean	Std. dev.	Min	Max
size	2 888	21. 78	1. 06	18. 26	26. 76
liqu	2 888	165. 34	195. 15	6. 60	5 642. 85
zscore	2 888	137. 83	86. 57	−708. 62	991. 40
grow	2 888	156. 38	7 043. 11	−97. 77	378 437
tang	2 888	40. 80	20. 45	−232. 79	97. 58
prof	2 888	8. 00	6. 78	−10. 83	206. 66
cf	2 888	6. 84	9. 07	−53. 84	85. 18

注：（1）样本选取的截止日期为 2010 年 6 月 11 日。

（2）有效税率的计算公式为：有效税率＝所得税费用/当期税前利润总额。

（3）本表样本包括全部有效税率上升的公司和全部有效税率下降的公司。有效税率上升的公司是指 2008 年年报中公司披露的有效税率较 2007 年年报中公司披露的有效税率高的公司，有效税率下降的公司是指 2008 年年报中公司披露的有效税率较 2007 年年报中公司披露的有效税率低的公司。

（4）各变量的定义请参见表 4－5。

资料来源：Wind 中国金融数据库。

表 4－7 则给出了总样本各变量的相关系数矩阵。在 10% 的显著性水平下，公司的有效税率与公司的总杠杆比率显著正相关，而公司的非债务税盾与公司的总杠杆比率显著负相关。简单的相关分析证实，有效税率越高，公司就越有动力提高杠杆比率已获得财务收益，同时也表明，公司的非债务税盾越高，企业就越不愿意冒险提高财务杠杆。

表 4－7 还表明公司的有效税率与公司的短期杠杆比率显著正相关，公司的非债务税盾与公司的短期杠杆比率显著负相关。虽然公司的有效税率与公司的长期杠杆比率正相关，公司的非债务税盾与公司的长期杠杆比率负相关，但在 10% 的水平下均不显著。

根据前面的样本分类，将总样本分为有效税率上升的公司和全部有效税率下降的公司。有效税率上升的公司是指 2008 年年报中公司披露的有效税率较 2007 年年报中公司披露的有效税率高的公司，有效税率下降的公司是指 2008 年年报中公司披露的有效税率较 2007 年年报中公司披露的有效税率低的公司。

表 4-7 总样本各变量相关系数矩阵

变量名	lev	clev	llev	tax	ndts	size	liqu	zscore	grow	tang	prof	cf
lev	1.00											
clev	0.83*	1.00										
llev	0.35*	-0.23*	1.00									
tax	0.04*	0.03*	0.02	1.00								
ndts	-0.17*	-0.17*	-0.00	0.00	1.00							
size	0.29*	0.09*	0.32*	-0.03*	0.00	1.00						
liqu	-0.42*	-0.40*	-0.05*	-0.02	-0.11*	-0.16*	1.00					
zscore	-0.28*	-0.10*	-0.33*	-0.07*	-0.03	-0.00	0.24*	1.00				
grow	0.03*	0.04*	0.02	0.00	-0.02	-0.00	-0.00	-0.01	1.00			
tang	-0.89*	-0.72*	-0.34*	-0.06*	0.08*	-0.27*	0.42*	0.31*	-0.01	1.00		
prof	-0.23*	-0.19*	-0.10*	-0.08*	0.09*	-0.03*	0.10*	0.41*	-0.00	0.19*	1.00	
cf	-0.14*	-0.09*	-0.09*	-0.01	0.35*	-0.00	-0.04*	0.16*	-0.01	0.06*	0.33*	1.00

注：(1) 样本选取的截止日期为 2010 年 6 月 11 日。

(2) 有效税率的计算公式为：有效税率 = 所得税费用/当期税前利润总额。

(3) 本表样本包括全部有效税率上升的公司和全部有效税率下降的公司。有效税率上升的公司是指 2008 年年报中公司披露的有效税率较 2007 年年报中公司披露的有效税率高的公司，有效税率下降的公司是指 2008 年年报中公司披露的有效税率较 2007 年年报中公司披露的有效税率低的公司。

(4) 各变量的定义请参见表 4-5。

(5) * 表示至少在 10% 的水平下显著。

资料来源：Wind 中国金融数据库。

通过对比，发现有效税率上升的上市公司 279 家（处理组），表 4 - 8 给出了这些公司各变量的描述性统计，表 4 - 9 则给出了这些公司各变量的相关系数矩阵。在 10% 的显著性水平下，发现公司的有效税率与公司的总杠杆比率显著正相关，而公司的非债务税盾与公司的总杠杆比率显著负相关。

表 4 - 8 各变量描述性统计（有效税率上升公司）

变量名	Obs	Mean	Std. dev.	Min	Max
lev	1 080	48.77	19.95	1.85	300.00
clev	1 080	40.71	18.18	1.57	231.25
llev	1 002	8.67	10.66	0.00	68.75
tax	1 042	21.48	22.98	0.10	489.81
ndts	1 080	2.59	1.71	−0.01	12.72
size	1 080	21.77	1.00	18.82	25.02
liqu	1 080	169.47	191.15	8.23	3 727.27
zscore	1 080	136.60	95.16	−708.62	991.40
grow	1 080	371.27	11 514.93	−97.77	378 437.00
tang	1 080	41.03	21.47	−232.79	94.40
prof	1 080	7.46	8.09	−10.83	206.66
cf	1 080	6.09	8.34	−38.88	85.18

注：（1）样本选取的截止日期为 2010 年 6 月 11 日。

（2）有效税率的计算公式为：有效税率＝所得税费用/当期税前利润总额。

（3）本表样本包括全部有效税率上升的公司。有效税率上升的公司是指 2008 年年报中公司披露的有效税率较 2007 年年报中公司披露的有效税率高的公司。

（4）各变量的定义请参见表 4 - 5。

资料来源：Wind 中国金融数据库。

表 4 - 10 则给出了有效税率下降公司（对照组）的描述性统计，表 4 - 11 给出了有效税率下降公司各变量的相关系数矩阵。在 10% 的显著性水平下，同样发现公司的有效税率与公司的总杠杆比率显著正相关，而公司的非债务税盾与公司的总杠杆比率显著负相关。

表 4 - 9

各变量相关系数矩阵（有效税率上升公司）

变量名	lev	clev	llev	tax	ndts	size	liqu	zscore	grow	tang	prof	cf
lev	1.00											
clev	0.85*	1.00										
llev	0.40*	-0.14*	1.00									
tax	0.05*	0.08*	-0.04	1.00								
ndts	-0.14*	-0.20*	0.08*	-0.04	1.00							
size	0.20*	0.01	0.33*	-0.10*	-0.03	1.00						
liqu	-0.46*	-0.43*	-0.11*	0.00	-0.06*	-0.18*	1.00					
zscore	-0.31*	-0.16*	-0.32*	-0.01	-0.08*	0.01	0.30*	1.00				
grow	0.04	0.06*	0.07*	0.00	-0.04	-0.00	-0.00	-0.01	1.00			
tang	-0.93*	-0.79*	-0.38*	-0.04	0.09*	-0.17*	0.44*	0.34*	-0.02	1.00		
prof	-0.14*	-0.12*	-0.06*	-0.18*	0.06*	-0.04	0.05*	0.29*	-0.01	0.11*	1.00	
cf	-0.12*	-0.12*	-0.02	-0.07*	0.37*	-0.04	-0.04	0.04	-0.01	0.06*	0.22*	1.00

注：（1）样本选取的截止日期为 2010 年 6 月 11 日。

（2）有效税率的计算公式为：有效税率＝所得税费用／当期税前利润总额。

（3）本表样本包括全部有效税率上升的公司。有效税率上升的公司是指 2008 年年报中公司披露的有效税率较 2007 年年报中公司披露的有效税率高的公司。

（4）各变量的定义请参见表 4 - 5。

（5）* 表示至少在 10% 的水平下显著。

资料来源：Wind 中国金融数据库。

表 4 - 10   各变量描述性统计（有效税率下降公司）

变量名	Obs	Mean	Std. dev.	Min	Max
lev	1 808	48.89	17.78	2.08	94.28
clev	1 808	40.05	17.23	0.82	92.85
llev	1 668	9.62	10.66	0.00	62.50
tax	1 807	27.51	67.67	0.07	1 843.58
ndts	1 755	2.72	1.78	−1.82	18.57
size	1 808	21.79	1.10	18.26	26.76
liqu	1 808	162.88	197.51	6.60	5 642.85
zscore	1 808	138.57	81.03	−114.00	718.22
grow	1 808	28.01	186.53	−87.52	7 447.72
tang	1 808	40.67	19.82	−42.73	97.58
prof	1 808	8.32	5.85	−1.03	50.00
cf	1 808	7.29	9.46	−53.84	76.92

注：（1）样本选取的截止日期为 2010 年 6 月 11 日。

（2）有效税率的计算公式为：有效税率 = 所得税费用/当期税前利润总额。

（3）本表样本包括全部有效税率下降的公司。有效税率下降的公司是指 2008 年年报中公司披露的有效税率较 2007 年年报中公司披露的有效税率低的公司。

（4）各变量的定义请参见表 4 - 5。

资本来源：Wind 中国金融数据库。

表 4 - 12 给出了有效税率上升公司和有效税率下降公司各变量均值的比较。通过非参数检验，可以清楚地看到，有效税率上升公司的税率（21.48%）要远远低于有效税率下降公司的税率（27.51%），这也正是促成 2008 年企业所得税改革的重要原因，唯有改革，才有可能达成税率一致和税收公平的目标。

同时还可以看到，有效税率下降公司的非债务税盾要显著地高于有效税率上升公司的非债务税盾，这说明高企业所得税公司更有动力利用非债务税盾来获取财务收益。

表 4 - 12 还表明，有效税率上升的公司的盈利能力及其经营活动所产生的现金流量显著低于有效税率下降的公司。

表 4－11　　　　　　　　各变量相关系数矩阵（有效税率下降公司）

变量名	lev	clev	llev	tax	ndts	size	liqu	zscore	grow	tang	prof	cf
lev	1.00											
clev	0.81*	1.00										
llev	0.32*	-0.29*	1.00									
tax	0.05*	0.03	0.03	1.00								
ndts	-0.19*	-0.16*	-0.06*	0.00	1.00							
size	0.34*	0.13*	0.32*	-0.02	0.02	1.00						
liqu	-0.40*	-0.38*	-0.02*	-0.03	-0.14*	-0.15*	1.00					
zscore	-0.26*	-0.06*	-0.35*	-0.10*	-0.00	-0.02	0.21*	1.00				
grow	0.03	0.04*	0.00	0.01	-0.05*	-0.00	-0.00	0.00	1.00			
tang	-0.86*	-0.68*	-0.31*	-0.07*	0.08*	-0.32*	0.41*	0.28*	-0.02	1.00		
prof	-0.33*	-0.25*	-0.12*	-0.08*	0.11*	-0.02	0.14*	0.53*	0.04*	0.26*	1.00	
cf	-0.15*	-0.08*	-0.13*	-0.01	0.33*	0.001	-0.03	0.24*	-0.01	0.07*	0.43*	1.00

注：（1）样本选取的截止日期为 2010 年 6 月 11 日。

（2）有效税率的计算公式为：有效税率＝所得税费用／当期税前利润总额。

（3）本表样本包括全部有效税率下降的公司。有效税率下降的公司是指 2008 年年报中公司披露的有效税率较 2007 年年报中公司披露的有效税率低的公司。

（4）各变量的定义请参见表 4－5。

（5）* 表示至少在 10% 的水平下显著。

资料来源：Wind 中国金融数据库。

表4-12　　有效税率上升公司和有效税率下降公司各变量均值的比较

变量名	(1) 税率上升公司	(2) 税率下降公司	(3) p (1, 2)
lev	48.77	48.89	0.43
	(19.95)	(17.78)	
clev	40.71	40.05	0.83
	(18.18)	(17.23)	
llev	8.67	9.62	0.01
	(10.66)	(10.66)	
tax	21.48	27.51	0.00
	(22.98)	(67.67)	
ndts	2.59	2.72	0.03
	(1.71)	(1.78)	
size	21.77	21.79	0.33
	(1.00)	(1.10)	
liqu	169.47	162.88	0.81
	(191.15)	(197.51)	
zscore	136.60	138.57	0.27
	(95.16)	(81.03)	
grow	371.27	28.01	0.89
	(11 514.93)	(186.53)	
tang	41.03	40.67	0.67
	(21.47)	(19.82)	
prof	7.46	8.32	0.00
	(8.09)	(5.85)	
cf	6.09	7.29	0.00
	(8.34)	(9.46)	

注：（1）样本选取的截止日期为2010年6月11日。

（2）有效税率的计算公式为：有效税率＝所得税费用/当期税前利润总额。

（3）本表样本包括全部有效税率上升的公司和全部有效税率下降的公司。有效税率上升的公司是指2008年年报中公司披露的有效税率较2007年年报中公司披露的有效税率高的公司，有效税率下降的公司是指2008年年报中公司披露的有效税率较2007年年报中公司披露的有效税率低的公司。

（4）各变量的定义请参见表4-5。

（5）括号内为相应的标准差，p (1, 2) 是检验各变量（1）栏和（2）栏均值是否相等的p值，原假设为各变量（1）栏和（2）栏的均值相等。

资料来源：Wind 中国金融数据库。

第**5**章

实证分析

5.1 有效税率、非债务税盾与资本结构

5.1.1 回归模型和回归方法讨论

本节回归的基本模型与式（3.6）基本一致，即：

$$lev_{it} = \beta_0 + \beta_1 du_{it} + \beta_2 dt_{it} + \beta_3 du_{it} \times dt_{it} + \gamma X_{it} + \varepsilon_{it} \qquad (5.1)$$

其中，i 和 t 分别表示公司和时间；lev 是债务比率，即公司资本结构变量；du 为哑变量，处理组的取值为 1，对照组的取值为 0；dt 同样为哑变量，所得税改革之前的年份取值为 0，所得税改革之后的年份取值为 1；X 为其他控制变量；ε 为扰动项；β_0、β_1、β_2、β_3 以及 γ 为待估计的系数。

考虑到公司固定效应[①]有可能会影响公司的资本结构，本书中将误差项 ε_{it} 定义为：

$$\varepsilon_{it} = \mu_i + \nu_{it} \qquad (5.2)$$

---

① 即那些与公司相关、不随时间变化但却可能与公司资本结构相关的因素，例如公司的企业文化等。

其中，μ_i 为公司固定效应；ν_{it} 为随机扰动项。因此，式（5.1）可变为：

$$lev_{it} = \beta_0 + \beta_1 du_{it} + \beta_2 dt_{it} + \beta_3 du_{it} \times dt_{it} + \gamma X_{it} + \mu_i + \nu_{it} \qquad (5.3)$$

式（5.3）即为本节回归的基本模型。一般来说，估计这种带个体固定效应的模型有三种基本的回归方法，分别是混合估计（pooled OLS）、随机效应估计（random effects OLS）和固定效应估计（fixed effects OLS）。

如果不同个体不存在显著性差异，那么就可以直接把面板数据混合在一起用普通最小二乘法（OLS）估计参数。但如果个体存在着显著性差异，则需要建立个体固定效应模型予以估计。相对于混合估计模型来说，是否需要建立个体固定效应模型可以通过 F 检验来判别。

个体固定效应模型可分为随机效应估计模型和固定效应估计模型两种。这两种估计方法的最大差别是如何利用已有信息估计系数。固定效应回归的系数通过计算各公司跨时期的差别而获得，公司固定效应哑变量吸收了数据的太多变动（variance）从而使得估计结果相对无效率（relatively inefficient）；随机效应的估计结果相对更加有效率，因为它不仅考虑了各公司跨时期的差别，同时也考虑了公司横截面的信息。但随机效应估计有一个致命的缺陷，那就是它只有在严格的假设下①才会一致（consistent）。Hausman 检验可以用来判断哪种回归方法更适用。因此，本书中根据 Hausman 检验结果来选择固定效应回归或者随机效应回归②。

5.1.2 基本回归结果

表 5-1 给出了税收变量与公司总负债率的回归结果。第（1）列、第（2）列和第（3）列分别使用混合估计、固定效应估计和随机效应估计

---

① 其中最重要的假设就是公司固定效应与自变量不相关。

② 根据一般的经验，如果 Hausman 检验的 p 值小于 0.10 则选择固定效用估计，如果 Hausman 检验的 p 值大于 0.10 则选择随机效用估计。

方法。

表 5 - 1　　　　　　　　　　税收与公司总负债率回归结果

本表因变量为 lev

自变量	Pooled OLS	Fixed Effects OLS	Random Effects OLS
du	1.41 (1.08)	—	-0.39 (0.56)
dt	-1.57 * * (0.29)	-1.57 * * (0.24)	-1.83 * * (0.22)
du * dt	0.57 * (0.32)	0.58 * (0.34)	0.58 * (0.34)
tax	-0.00 (0.00)	-0.00 * * (0.00)	-0.00 (0.00)
ndts	-0.19 (0.20)	-0.19 (0.15)	-0.74 * * (0.10)
size	1.00 (0.62)	1.00 * * (0.39)	1.10 * * (0.21)
liqu	-0.01 * (0.00)	-0.00 * * (0.00)	-0.00 * * (0.00)
zscore	-0.03 * * (0.00)	-0.03 * * (0.00)	-0.01 * * (0.00)
grow	0.00 * * (0.00)	0.00 (0.00)	0.00 (0.00)
tang	-0.67 * * (0.03)	-0.67 * * (0.01)	-0.72 * * (0.01)
prof	0.05 (0.04)	0.05 * * (0.02)	-0.05 * * (0.02)
cf	0.01 (0.01)	0.01 (0.01)	-0.01 (0.01)
观察值数目	2 795	2 795	2 795
公司数目	721	721	721
调整的 R^2	0.96	0.82	0.81

注：（1）样本选取的截止日期为 2010 年 6 月 11 日。

（2）有效税率的计算公式为：有效税率 = 所得税费用/当期税前利润总额。

（3）本表样本包括全部有效税率上升的公司和全部有效税率下降的公司。有效税率上升的公司是指 2008 年年报中公司披露的有效税率较 2007 年年报中公司披露的有效税率高的公司，有效税率下降的公司是指 2008 年年报中公司披露的有效税率较 2007 年年报中公司披露的有效税率低的公司。

（4）各变量的定义请参见表 4-5。

（5）括号内为各统计量的稳健标准差。* * 和 * 分别表示在 5% 和 10% 的水平显著。

资料来源：Wind 中国金融数据库。

F 检验[1]表明样本中的个体存在着显著性差异，因此，个体固定效应模型是更合适的估计模型。Hausman 检验[2]的结果则表明使用随机效应回归模型是更合适的。这说明第（3）列的回归结果不但是一致的，而且是比第（2）列固定效应回归更有效的。

值得注意的是，表 5-2 和表 5-3 分别给出了税收变量与公司短期负债率和公司长期负债率的回归结果。笔者认为总负债率能更全面地反映公司总体的资本结构，因此本研究将表 5-1 第（3）列作为税收变量与公司资本结构的基准回归结果。

表 5-2　　　　　　　　　　　税收与公司短期负债率回归结果

本表因变量为 clev			
自变量	Pooled OLS	Fixed Effects OLS	Random Effects OLS
du	0.68 (0.57)	—	0.78 (0.79)
dt	-2.21** (0.56)	-1.06** (0.33)	-1.86** (0.31)
du*dt	0.39 (0.82)	0.32 (0.47)	0.35 (0.49)
tax	-0.00 (0.00)	-0.00** (0.00)	-0.00 (0.00)
ndts	-1.14** (0.14)	-0.20 (0.21)	-0.84** (0.15)
size	-2.08** (0.24)	-3.34** (0.54)	-2.17** (0.30)
liqu	-0.01** (0.00)	-0.00** (0.00)	-0.00** (0.00)
zscore	0.04** (0.00)	-0.04** (0.00)	0.00** (0.00)
grow	0.00** (0.00)	0.00 (0.00)	0.00 (0.00)
tang	-0.62** (0.02)	-0.46** (0.01)	-0.55** (0.01)
prof	0.05 (0.04)	0.10** (0.03)	-0.11** (0.03)

[1] F 检验的数值为 9.90，在 1% 的显著性水平下拒绝了使用混合估计模型的零假设。
[2] Hausman 检验的 p 值为 0.67，因此，选择随机效用估计模型。

续表

	本表因变量为 clev		
自变量	Pooled OLS	Fixed Effects OLS	Random Effects OLS
cf	−0.30	0.06**	0.03**
	(0.08)	(0.01)	(0.01)
观察值数目	2 795	2 795	2 795
公司数目	721	721	721
调整的 R^2	0.61	0.44	0.59

注：（1）样本选取的截止日期为 2010 年 6 月 11 日。

（2）有效税率的计算公式为：有效税率 = 所得税费用/当期税前利润总额。

（3）本表样本包括全部有效税率上升的公司和全部有效税率下降的公司。有效税率上升的公司是指 2008 年年报中公司披露的有效税率较 2007 年年报中公司披露的有效税率高的公司，有效税率下降的公司是指 2008 年年报中公司披露的有效税率较 2007 年年报中公司披露的有效税率低的公司。

（4）各变量的定义请参见表 4 − 5。

（5）括号内为各统计量的稳健标准差。** 和 * 分别表示在 5% 和 10% 的水平显著。

资料来源：Wind 中国金融数据库。

表 5 − 3　　　　　　　税收与公司长期负债率回归结果

	本表因变量为 llev		
自变量	Pooled OLS	Fixed Effects OLS	Random Effects OLS
du	−1.45	—	−1.47**
	(0.49)		(0.65)
dt	0.21	−0.62**	−0.04
	(0.45)	(0.30)	(0.27)
du*dt	1.17*	1.02**	1.07**
	(0.72)	(0.42)	(0.43)
tax	0.00	−0.00	−0.00
	(0.00)	(0.00)	(0.00)
ndts	0.16	−0.19	0.03
	(0.13)	(0.19)	(0.13)
size	2.95**	3.96**	3.07**
	(0.19)	(0.50)	(0.25)
liqu	0.00**	0.00**	0.00**
	(0.00)	(0.00)	(0.00)
zscore	−0.04**	0.01**	−0.02**
	(0.00)	(0.00)	(0.00)
grow	−0.00	−0.00**	0.00
	(0.00)	(0.00)	(0.00)
tang	−0.13**	−0.23**	−0.16**
	(0.01)	(0.01)	(0.01)
prof	0.18**	−0.09**	0.06**
	(0.03)	(0.04)	(0.03)
cf	−0.07**	−0.04**	−0.04**
	(0.02)	(0.01)	(0.01)

续表

	本表因变量为 llev		
自变量	Pooled OLS	Fixed Effects OLS	Random Effects OLS
观察值数目	2 588	2 588	2 588
公司数目	707	707	707
调整的 R^2	0. 29	0. 17	0. 27

注：（1）样本选取的截止日期为 2010 年 6 月 11 日。

（2）有效税率的计算公式为：有效税率＝所得税费用/当期税前利润总额。

（3）本表样本包括全部有效税率上升的公司和全部有效税率下降的公司。有效税率上升的公司是指 2008 年年报中公司披露的有效税率较 2007 年年报中公司披露的有效税率高的公司，有效税率下降的公司是指 2008 年年报中公司披露的有效税率较 2007 年年报中公司披露的有效税率低的公司。

（4）各变量的定义请参见表 4 - 5。

（5）括号内为各统计量的稳健标准差。** 和 * 分别表示在 5% 和 10% 的水平显著。

资料来源：Wind 中国金融数据库。

从表 5 - 1 第（3）列的回归结果可知，在 2006 ~ 2009 年间，与本研究第一个假说的预期一致，所得税改革后有效税率提高的上市公司的债务比率显著上升，有效税率每提高 1 个百分点，上市公司总体债务比率上升约 0. 58 个百分点。当然，这也同时表明所得税改革后有效税率下降的上市公司的债务比率会显著下降。表 5 - 1 第（1）列混合估计和表 5 - 1 第（2）列固定效应估计的回归结果也同样证实了这一点。本书的实证结果与 Givoly 等人（1992）研究 1986 年美国税收制度改革、Grant 和 Roman（2007）研究澳大利亚税收制度改革中有效税率变动和公司资本结构变动关系的研究结论是一致的。

表 5 - 1 第（3）列的回归结果也证实了本研究提出的第二个假说，即非债务税盾和债务比率负相关。表 5 - 1 第（3）列显示非债务税盾每上升 1 个百分点，上市公司总体债务比率下降 0. 74 个百分点。本书的实证结果与 MacKie-Mason（1990）、Givoly 等（1992）以及 Fama 和 French（1998）的研究结论是一致的。

这与 Titman 和 Wessels（1988）的结论完全相反，笔者认为其中一个重要的因素是本书采用面板数据，而 Titman 和 Wessels（1988）采用的是横截面数据。表 5 - 1 第（1）列和第（2）列也证实了非债务税盾和债务比率负相关的关系，虽然结果没有通过显著性检验。

接下来再看其他可能影响公司资本结构的变量。表 5 - 1 第（3）列显示公司规模与公司的总负债率在 5% 的水平显著正相关，公司规模每上升 1 个百分点，上市公司总体债务比率上升 1.1 个百分点。这与 Marsh（1982）、Rajan 和 Zinganles（1995）、Wald（1999）和 Booth 等（2001）提供的实证证据完全一致，而与 Chaplinsky 和 Niehaus（1990）、Kester（1986）、Kim 和 Sorensen（1986）、Titman 和 Wessels（1988）提供的实证证据完全相反。

笔者认为有两个方面的原因促使中国上市公司的规模与总负债率显著正相关。首先是前面所提到的大公司倾向于多元化经营，具有较稳定的现金流量和较强的抗风险能力，不容易受财务困境的影响；其次是因为中国的上市公司大部分都是国有企业（占总样本的 64.27%，参见表 4 - 3），随着企业规模的不断壮大，国有企业"太大而不能死"①，举借更多的债务也不用担心破产。

表 5 - 1 第（3）列还表明 Z-score 与公司的总负债率在 5% 的水平显著负相关，这意味着公司的破产可能性越大，其总负债率水平越高。这与 MacKie-Mason（1990）、Graham（1996, 1999）以及 Graham 等（1998）的发现是一致的，即财务困境越大的公司借债越多。

虽然 Z-score 的系数只有 -0.01，但 Z-score 取值的方差非常大。如果 Z-score 的取值从最小值 -708.62 上升到平均值 137.83 的话，公司的总负债率将下降 8.46 个百分点，这是一个具有相当规模的数值。

表 5 - 1 第（3）列还显示公司的资产构成会显著影响公司的总杠杆比率。有形资产与总资产的比值每上升 1 个百分点，公司的总负债率下降 0.72 个百分点。笔者的观点与 Titman 和 Wessels（1988）一致，拥有较多

---

① "Too big to fail".

可作抵押资产的上市公司的由于代理成本较低，因此可能会选择较低的杠杆。

表5-1第（3）列同时表明盈利能力与公司的杠杆比率呈负相关关系，这与Myers（1984）的理论分析不谋而合，同时也印证了Friend和Lang（1988）、Kester（1986）、Titman和Wessels（1988）、Rajan和Zingales（1995）、Wald（1999）、Booth等（2001）、Michaelas等（1999）、Bevan和Danbolt（2001）的实证分析。

表5-1第（3）列同时也表明企业的成长性、企业产生现金流的能力与公司的总负债率关系不显著。

表5-2和表5-3分别给出了税收变量与公司短期负债率和公司长期负债率的回归结果。F检验[①]的结果均表明样本中的个体存在着显著性差异，因此个体固定效应模型是更合适的估计模型。而Hausman检验[②]的结果则表明无论是短期负债率还是长期负债率均应该使用固定效应估计方法而不是随机效应估计方法。因此本书以表5-2第（2）列作为税收与公司短期负债率的基本回归结果，同时以表5-3第（2）列作为税收与公司长期负债率基本的回归结果。

表5-2第（2）列表明所得税改革后有效税率提高的上市公司的债务比率上升，而非债务税盾和债务比率负相关。表5-3第（2）列表明所得税改革后有效税率提高的上市公司的债务比率显著上升，同时还表明非债务税盾和债务比率负相关。

笔者认为，用短期负债率或者长期负债率均不能准确衡量税收与公司资本结构之间的关系，因为无论是债务税盾还是非债务税盾均是与总体负债水平直接相关的，所以下文只报告税收变量与公司总负债率之间的关系。

---

① 表5-2和表5-3中F检验的数值分别为9.91和8.55，在1%的显著性水平下拒绝了使用混合估计模型的零假设。

② 表5-2和表5-3中Hausman检验的p值均为0.00，因此选择固定效用估计模型。

5.1.3　稳健性检验

本节是税收变量与公司总负债率基本回归结果的一系列的稳健性检验。包括有效税率上升子样本税收变量与公司总负债率的回归、有效税率下降子样本税收变量与公司总负债率的回归、时间窗只包含 2007～2008 年的子样本税收变量与公司总负债率的回归、各行业（制造业、批发和零售贸易和房地产）税收变量与公司总负债率的回归、其他属性子样本（是否发行 B 股、是否为国有企业、是否属于沪深 300、总部是否属于东部、总部是否属于西部）税收变量与公司总负债率的回归。回归基本方法仍然是混合估计、固定效应估计和随机效应估计方法。

5.1.3.1　税收变量与公司总负债率（有效税率上升公司、有效税率下降公司）

由于将处理组（有效税率上升公司）和对照组（有效税率下降公司）分别作为子样本来进行回归，双重差分法已不再适用，因此，本节的基本回归方程由式（5.3）变为：

$$lev_{it} = \beta_0 + \gamma X_{it} + \mu_i + \nu_{it} \qquad (5.4)$$

除了 i 为子样本公司，式（5.4）各项的含义与式（5.3）完全相同。

表 5－4 给出了有效税率上升的公司税收与总负债率的回归结果。第（1）列、第（2）列和第（3）列分别使用混合估计、固定效应估计和随机效应估计方法。F 检验[①]的结果均表明样本中的个体存在着显著性差异，因此，个体固定效应模型是更合适的估计模型。而 Hausman 检验[②]的结果

[①]　表 5－4 中 F 检验的数值为 12.75，在 1% 的显著性水平下拒绝了使用混合估计模型的零假设。

[②]　表 5－4 中 Hausman 检验的 p 值为 0.00，因此选择固定效用估计模型。

则表明应该使用固定效应估计方法而不是随机效应估计方法。因此将表5-4第（2）列作为有效税率上升的公司税收与总负债率的基本回归结果。

从表5-4第（2）列可以看到，与本书研究第一个假说的预期一致，同时也印证了前面表5-1第（3）列的基本研究结论，即2006~2009年有效税率提高的上市公司其债务比率显著上升，有效税率每提高1个百分点，上市公司总体债务比率上升约0.02个百分点，远远低于基准回归结果表5-1第（3）列的规模。

表5-4第（2）列的回归结果也证实了本书研究提出的第二个假说，即非债务税盾和债务比率负相关。表5-4第（2）列显示非债务税盾每上升1个百分点，上市公司总体债务比率下降0.59个百分点。这也低于表5-1第（3）列的基准研究结果（0.74）。

表5-5给出了有效税率下降的公司税收与总负债率的回归结果。第（1）列、第（2）列和第（3）列分别使用混合估计、固定效应估计和随机效应估计方法。F检验[①]的结果均表明样本中的个体存在着显著性差异，因此个体固定效应模型是更合适的估计模型。而Hausman检验[②]的结果则表明应该使用固定效应估计方法而不是随机效应估计方法。因此，将表5-5第（2）列作为有效税率下降的公司税收与总负债率的基本回归结果。

从表5-5第（2）列可以看到，上市公司的债务比率与公司总负债率负相关，但规模非常小（0.004），如果有效税率变量变动一个标准差（67.67），总负债率也只会变动0.27个百分点。表5-5第（2）列的回归结果同时还表明非债务税盾和债务比率负相关，但并不显著。

总之，无论是有效税率上升公司的子样本还是有效税率下降公司的子样本，其回归结果无论是显著性还是规模大小均无法与总样本相比，这也从侧面说明了采用双重差分法来研究公司税收与公司总负债率的必要性。

---

① 表5-5中F检验的数值为9.64，在1%的显著性水平下拒绝了使用混合估计模型的零假设。

② 表5-5中Hausman检验的p值为0.00，因此选择固定效用估计模型。

表 5-4　　税收与公司总负债率回归结果（有效税率上升的公司）

自变量	本表因变量为 lev		
	Pooled OLS	Fixed Effects OLS	Random Effects OLS
tax	0.00	0.02**	0.01*
	(0.01)	(0.00)	(0.00)
ndts	-0.45**	-0.59**	-0.65**
	(0.15)	(0.22)	(0.16)
size	0.69	-2.36**	-0.50**
	(0.25)	(0.42)	(0.29)
liqu	-0.00**	-0.00	-0.00**
	(0.00)	(0.00)	(0.00)
zscore	0.00	-0.01**	-0.00
	(0.00)	(0.00)	(0.00)
grow	0.00	0.00	0.00
	(0.00)	(0.00)	(0.00)
tang	-0.83**	-0.84**	-0.84**
	(0.02)	(0.01)	(0.01)
prof	-0.05	0.03	0.00
	(0.06)	(0.02)	(0.02)
cf	-0.12	-0.00	-0.01
	(0.03)	(0.01)	(0.01)
观察值数目	1 041	1 041	1 041
公司数目	270	270	270
调整的 R^2	0.88	0.84	0.87

　　注：（1）样本选取的截止日期为 2010 年 6 月 11 日。样本时间段为 2006~2009 年。

　　（2）有效税率的计算公式为：有效税率＝所得税费用/当期税前利润总额。本表样本只包括有效税率上升的公司。有效税率上升的公司是指 2008 年年报中公司披露的有效税率较 2007 年年报中公司披露的有效税率高的公司。

　　（3）各变量的定义请参见表 4-5。

　　（4）括号内为各统计量的稳健标准差。** 和 * 分别表示在 5% 和 10% 的水平显著。

　　资料来源：Wind 中国金融数据库。

表 5-5　　税收与公司总负债率回归结果（有效税率下降的公司）

自变量	本表因变量为 lev		
	Pooled OLS	Fixed Effects OLS	Random Effects OLS
tax	-0.00	-0.00**	-0.00
	(0.00)	(0.00)	(0.00)
ndts	-1.22**	-0.16	-0.81**
	(0.13)	(0.19)	(0.13)
size	1.23**	0.82*	1.20**
	(0.19)	(0.43)	(0.26)

续表

自变量	本表因变量为 lev		
	Pooled OLS	Fixed Effects OLS	Random Effects OLS
liqu	−0.00**	−0.00**	−0.00**
	(0.00)	(0.00)	(0.00)
zscore	0.03**	−0.03**	−0.00
	(0.00)	(0.00)	(0.00)
grow	0.00	0.00	0.00
	(0.00)	(0.00)	(0.00)
tang	−0.70**	−0.56**	−0.62**
	(0.02)	(0.01)	(0.01)
prof	−0.33**	−0.03	−0.20**
	(0.05)	(0.04)	(0.04)
cf	−0.05**	0.01	−0.00
	(0.02)	(0.01)	(0.01)
观察值数目	1 754	1 754	1 754
公司数目	451	451	451
调整的 R^2	0.78	0.74	0.78

注：（1）样本选取的截止日期为 2010 年 6 月 11 日。样本时间段为 2006～2009 年。

（2）有效税率的计算公式为：有效税率＝所得税费用/当期税前利润总额。本表样本只包括有效税率下降的公司。有效税率下降的公司是指 2008 年年报中公司披露的有效税率较 2007 年年报中公司披露的有效税率低的公司。

（3）各变量的定义请参见表 4－5。

（4）括号内为各统计量的稳健标准差。** 和 * 分别表示在 5% 和 10% 的水平显著。

资料来源：Wind 中国金融数据库。

5.1.3.2 2007～2008 年

表 5－6 给出了 2007～2008 年公司税收与总负债率的回归结果。第（1）列、第（2）列和第（3）列分别使用混合估计、固定效应估计和随机效应估计方法。F 检验①的结果均表明样本中的个体存在着显著性差异，因此，个体固定效应模型是更合适的估计模型。而 Hausman 检验②的结果则表明应该使用固定效应估计方法而不是随机效应估计方法。因此，将表 5－6 第（2）列作为 2007～2008 年税收与总负债率的基本回归

---

① 表 5－6 中 F 检验的数值为 6.15，在 1% 的显著性水平下拒绝了使用混合估计模型的零假设。

② 表 5－6 中 Hausman 检验的 p 值为 0.00，因此选择固定效用估计模型。

结果。

从表 5-6 第 (2) 列可以看到，与本书研究第一个假说的预期一致，同时也印证了前面表 5-1 第 (3) 列的基本研究结论，即 2007~2008 年所得税改革后税率提高的上市公司其债务比率显著上升，实际所得税税率每提高 1 个百分点，上市公司总体债务比率上升 1.21 个百分点。

表 5-6 第 (2) 列的回归结果也证实了本书研究提出的第二个假说，即非债务税盾和债务比率负相关。但回归系数并不显著，这意味着在所得税改革前后的较短时间窗内 (2007~2008 年)，相对于非债务税盾，债务税盾对公司债务比率的影响更显著，这与非债务税盾更难调整的事实是一致的。

表 5-6　　　　税收与公司总负债率回归结果 (2007~2008 年)

本表因变量为 lev			
自变量	Pooled OLS	Fixed Effects OLS	Random Effects OLS
du	-0.62 (0.53)	—	-0.73 (0.62)
dt	-1.58** (0.55)	-1.61** (0.32)	-1.70** (0.30)
du*dt	0.68 (0.84)	1.21** (0.49)	0.88* (0.50)
tax	0.01 (0.01)	0.00 (0.00)	0.01* (0.00)
ndts	-0.98 (0.16)	-0.23 (0.28)	-1.03** (0.14)
size	1.19 (0.22)	2.91** (0.89)	1.61** (0.26)
liqu	-0.01** (0.00)	-0.00** (0.00)	-0.00** (0.00)
zscore	0.00** (0.00)	-0.03** (0.00)	0.00 (0.00)
grow	0.00** (0.00)	0.00 (0.00)	0.00 (0.00)
tang	-0.71** (0.02)	-0.49** (0.02)	-0.65** (0.01)
prof	-0.11 (0.07)	0.07** (0.03)	-0.08** (0.02)
cf	-0.12** (0.02)	0.00 (0.02)	-0.05** (0.01)

本表因变量为 lev			
自变量	Pooled OLS	Fixed Effects OLS	Random Effects OLS
观察值数目	1 425	1 425	1 425
公司数目	717	717	717
调整的 R^2	0.81	0.72	0.80

注：（1）样本选取的截止日期为 2010 年 6 月 11 日。样本的时间窗为 2007～2008 年。

（2）有效税率的计算公式为：有效税率 = 所得税费用/当期税前利润总额。

（3）本表样本包括全部有效税率上升的公司和全部有效税率下降的公司。有效税率上升的公司是指 2008 年年报中公司披露的有效税率较 2007 年年报中公司披露的有效税率高的公司，有效税率下降的公司是指 2008 年年报中公司披露的有效税率较 2007 年年报中公司披露的有效税率低的公司。

（4）各变量的定义请参见表 4－5。

（5）括号内为各统计量的稳健标准差。** 和 * 分别表示在 5% 和 10% 的水平显著。

资料来源：Wind 中国金融数据库。

5.1.3.3 各行业（制造业、批发和零售贸易和房地产）

表 5－7 给出了 2006～2009 年制造业公司税收与总负债率的回归结果。第（1）列、第（2）列和第（3）列分别使用混合估计、固定效应估计和随机效应估计方法。F 检验[①]的结果均表明样本中的个体存在着显著性差异，因此，个体固定效应模型是更合适的估计模型。而 Hausman 检验[②]的结果则表明应该使用固定效应估计方法而不是随机效应估计方法。因此，将表 5－7 第（2）列作为制造业税收与总负债率的基本回归结果。

从表 5－7 第（2）列可以看到，与本书研究第一个假说的预期一致，同时也印证了前面表 5－1 第（3）列的基本研究结论，即 2006～2009 年所得税改革后税率提高的上市公司其债务比率会上升，但回归系数不显著。

表 5－7 第（2）列的回归结果也证实了本书研究提出的第二个假说，即非债务税盾和债务比率负相关。回归系数在 5% 的水平下显著不为零，非债务税盾每上升 1 个百分点，公司总负债率要减少 0.36 个百分点，远远

① 表 5－7 中 F 检验的数值为 12.27，在 1% 的显著性水平下拒绝了使用混合估计模型的零假设。

② 表 5－7 中 Hausman 检验的 p 值为 0.00，因此选择固定效应估计模型。

低于基础样本的 0.74 个百分点。

这说明，就制造业这个行业来说，非债务税盾比债务税盾更容易影响公司的总负债率。相对于其他行业来说，制造业固定资产与总资产的比率更大，因此，非债务税盾的变更（即固定资产折旧核算的变更）对制造业利润和总负责率的影响更大。

表 5-8 给出了 2006~2009 年批发和零售贸易行业公司税收与总负债率的回归结果。第（1）列、第（2）列和第（3）列分别使用混合估计、固定效应估计和随机效应估计方法。F 检验①的结果均表明样本中的个体存在着显著性差异，因此个体固定效应模型是更合适的估计模型。而 Hausman 检验②的结果则表明应该使用固定效应估计方法而不是随机效应估计方法。因此，将表 5-8 第（2）列作为批发和零售贸易行业税收与总负债率的基本回归结果。

从表 5-8 第（2）列可以看到，与本书研究第一个假说的预期一致，同时，也印证了前面表 5-1 第（3）列的基本研究结论，即 2006~2009 年所得税改革后税率提高的上市公司其债务比率会上升，但回归系数不显著。

表 5-8 第（2）列的回归结果也证实了本书研究提出的第二个假说，即非债务税盾和债务比率负相关。回归系数在 5% 的水平下显著不为零，非债务税盾每上升 1 个百分点，公司总负债率要减少 1.22 个百分点，其规模不仅远远大于制造业的 0.36 个百分点，同时也要大于基础样本的 0.74 个百分点。这说明非债务税盾是影响批发和零售贸易行业总债务比率的关键因素。

表 5-9 给出了 2006~2009 年房地产公司税收与总负债率的回归结果。第（1）列、第（2）列和第（3）列分别使用混合估计、固定效应估计和

---

① 表 5-8 中 F 检验的数值为 10.03，在 1% 的显著性水平下拒绝了使用混合估计模型的零假设。

② 表 5-8 中 Hausman 检验的 p 值为 0.00，因此选择固定效用估计模型。

随机效应估计方法。F 检验①的结果均表明样本中的个体存在着显著性差异，因此，个体固定效应模型是更合适的估计模型。而 Hausman 检验②的结果则表明应该使用固定效应估计方法而不是随机效应估计方法。因此，将表5-9第（2）列作为房地产行业税收与总负债率的基本回归结果。

从表5-9第（2）列可以看到，与本书研究第一个假说的预期一致，同时也印证了前面表5-1第（3）列的基本研究结论，即在2006～2009年，所得税改革后税率提高的上市公司的债务比率显著上升，而且系数的规模（2.31）远远大于基准回归结果表5-1第（3）列的0.58。

表5-9第（2）列的回归结果也证实了本书研究提出的第二个假说，即非债务税盾和债务比率负相关。回归系数在5%的水平下显著不为零，非债务税盾每上升1个百分点，公司总负债率要减少1.50个百分点，远远高于基准回归结果表5-1第（3）列的0.74个百分点。

这说明，无论是从债务税盾的角度还是从非债务税盾的角度，税收对房地产公司资本结构的影响要远远大于其他行业。房地产行业的高利润率使得税收因素对它的资本结构的影响的规模较大，为了获得更多的税后利益，房地产企业有足够的动力通过债务税盾和非债务税盾来进行税收筹划。

表5-7   **税收与公司总负债率回归结果（制造业）**

本表因变量为 lev			
自变量	Pooled OLS	Fixed Effects OLS	Random Effects OLS
du	-1.09 (0.44)	—	-1.03* (0.60)
dt	-0.90** (0.41)	-0.84** (0.24)	-0.97** (0.22)
du*dt	0.03 (0.64)	0.08 (0.33)	0.07 (0.33)
tax	0.00 (0.01)	-0.00 (0.00)	-0.00 (0.00)

---

① 表5-9中F检验的数值为7.01，在1%的显著性水平下拒绝了使用混合估计模型的零假设。

② 表5-9中Hausman检验的p值为0.00，因此选择固定效用估计模型。

续表

本表因变量为 lev			
自变量	Pooled OLS	Fixed Effects OLS	Random Effects OLS
ndts	-2.83**	-0.36**	-0.35**
	(0.12)	(0.15)	(0.12)
size	1.42	0.75**	1.23**
	(0.18)	(0.42)	(0.23)
liqu	-0.00**	-0.00**	-0.00**
	(0.00)	(0.00)	(0.00)
zscore	-0.00	-0.03**	0.00*
	(0.00)	(0.00)	(0.00)
grow	0.00**	0.00	0.00**
	(0.00)	(0.00)	(0.00)
tang	-0.81**	-0.82**	-0.83**
	(0.01)	(0.01)	(0.01)
prof	-0.02	0.01	-0.00
	(0.05)	(0.02)	(0.01)
cf	-0.12**	-0.02	-0.03**
	(0.02)	(0.01)	(0.01)
观察值数目	1 441	1 441	1 441
公司数目	371	371	371
调整的 R^2	0.88	0.87	0.88

注：（1）样本选取的截止日期为 2010 年 6 月 11 日。样本的时间窗为 2006～2009 年。

（2）本表样本包含的企业属于制造业（根据中国证监会颁布的《中国上市行业指引》按行业门类进行分类）。

（3）各变量的定义请参见表 4-5。

（4）括号内为各统计量的稳健标准差。**和*分别表示在 5% 和 10% 的水平显著。

资料来源：Wind 中国金融数据库。

表 5-8　　　税收与公司总负债率回归结果（批发和零售贸易）

本表因变量为 lev			
自变量	Pooled OLS	Fixed Effects OLS	Random Effects OLS
du	-1.39	—	-1.72
	(1.23)		(1.66)
dt	0.32	-0.26	-0.10
	(0.87)	(0.60)	(0.52)
du*dt	-0.77	-1.21	-1.01
	(1.82)	(0.96)	(0.98)
tax	0.00	0.00	0.00
	(0.00)	(0.00)	(0.00)
ndts	-1.31**	-1.22**	-1.05**
	(0.30)	(0.46)	(0.35)
size	0.13	0.51	0.42
	(0.47)	(1.33)	(0.72)

续表

自变量	本表因变量为 lev		
	Pooled OLS	Fixed Effects OLS	Random Effects OLS
liqu	−0.02**	−0.00	−0.01**
	(0.00)	(0.00)	(0.00)
zscore	0.01**	0.01*	0.01*
	(0.00)	(0.00)	(0.00)
grow	0.03	0.03**	0.03**
	(0.02)	(0.01)	(0.01)
tang	−0.75**	−0.63**	−0.70**
	(0.03)	(0.03)	(0.03)
prof	−0.19**	−0.32**	−0.31**
	(0.09)	(0.12)	(0.10)
cf	−0.06	0.00	−0.01
	(0.04)	(0.03)	(0.03)
观察值数目	253	253	253
公司数目	65	65	65
调整的 R^2	0.89	0.86	0.88

注:(1) 样本选取的截止日期为 2010 年 6 月 11 日。样本的时间窗为 2006~2009 年。

(2) 本表样本包含的企业属于批发和零售贸易行业(根据中国证监会颁布的《中国上市行业指引》按行业门类进行分类)。

(3) 各变量的定义请参见表 4−5。

(4) 括号内为各统计量的稳健标准差。** 和 * 分别表示在 5% 和 10% 的水平显著。

资料来源:Wind 中国金融数据库。

表 5−9　　　　　　　　税收与公司总负债率回归结果(房地产)

自变量	本表因变量为 lev		
	Pooled OLS	Fixed Effects OLS	Random Effects OLS
du	−2.55**	—	−1.43
	(1.01)		(1.18)
dt	−1.26**	−1.48*	−1.05
	(0.58)	(0.76)	(0.53)
du*dt	0.87	2.31*	1.19
	(0.86)	(1.38)	(0.87)
tax	0.03*	−0.04**	0.01
	(0.02)	(0.00)	(0.01)
ndts	−0.52	−1.50**	−0.62**
	(0.58)	(0.48)	(0.46)
size	2.88**	0.34	1.25**
	(0.69)	(0.30)	(0.40)
liqu	−0.00	−0.00	−0.00
	(0.00)	(0.00)	(0.00)
zscore	0.01**	−0.00	0.00
	(0.00)	(0.00)	(0.00)

	本表因变量为 lev		
自变量	Pooled OLS	Fixed Effects OLS	Random Effects OLS
grow	0.00	0.00**	0.00
	(0.02)	(0.00)	(0.00)
tang	-0.88**	-0.89**	-0.89**
	(0.02)	(0.02)	(0.01)
prof	-0.19**	-0.11*	-0.05
	(0.09)	(0.05)	(0.05)
cf	-0.02	-0.02	-0.01
	(0.05)	(0.02)	(0.01)
观察值数目	236	236	236
公司数目	62	62	62
调整的 R^2	0.94	0.96	0.95

注：（1）样本选取的截止日期为 2010 年 6 月 11 日。样本的时间窗为 2006～2009 年。

（2）本表样本包含的企业属于房地产（根据中国证监会颁布的《中国上市行业指引》按行业门类进行分类）。

（3）各变量的定义请参见表 4-5。

（4）括号内为各统计量的稳健标准差。** 和 * 分别表示在 5% 和 10% 的水平显著。

资料来源：Wind 中国金融数据库。

5.1.3.4 其他属性（发行 B 股、国有企业、沪深 300、东部企业、西部企业）

B 股特指中国上市公司发行的人民币特种股票。以人民币标明面值，以外币认购和交易，在中国境内证券交易所上市。B 股市场于 1992 年建立，2001 年 2 月 19 日前仅限外国投资者买卖，此后，B 股市场对国内投资者开放。相对于只发行 A 股的上市公司来说，能同时发行 B 股的上市公司的公司治理结构要更透明、公司财务要更稳健。

表 5-10 给出了 2006～2009 年同时发行 B 股的上市公司税收与总负债率的回归结果。第（1）列、第（2）列和第（3）列分别使用混合估计、固定效应估计和随机效应估计方法。F 检验①的结果均表明样本中的个体存在着显著性差异，因此，个体固定效应模型是更合适的估计模型。而

---

① 表 5-10 中 F 检验的数值为 16.38，在 1% 的显著性水平下拒绝了使用混合估计模型的零假设。

Hausman 检验[1]的结果则表明应该使用固定效应估计方法而不是随机效应估计方法。因此,将表 5-10 第(2)列作为发行 B 股的上市公司税收与总负债率的基本回归结果。

表 5-10   税收与公司总负债率回归结果(发行 B 股公司)

自变量	本表因变量为 lev		
	Pooled OLS	Fixed Effects OLS	Random Effects OLS
du	-0.99	—	-0.36
	(1.38)		(1.62)
dt	1.73	0.55	0.88
	(1.19)	(0.70)	(0.66)
du*dt	-1.72	-0.66	-1.03
	(1.74)	(0.83)	(0.86)
tax	0.07*	0.00	0.02
	(0.03)	(0.02)	(0.02)
ndts	-0.71**	-1.56**	-1.26**
	(0.20)	(0.45)	(0.33)
size	0.71*	0.92	0.26
	(0.40)	(1.18)	(0.62)
liqu	-0.01**	0.00	-0.00
	(0.00)	(0.00)	(0.00)
zscore	0.01**	-0.01	0.00
	(0.00)	(0.01)	(0.00)
grow	0.04**	-0.00**	-0.00
	(0.01)	(0.00)	(0.00)
tang	-0.72**	-0.97**	-0.91**
	(0.04)	(0.04)	(0.03)
prof	-0.29**	0.17	0.01
	(0.14)	(0.11)	(0.08)
cf	-0.14**	-0.07**	-0.08**
	(0.06)	(0.03)	(0.04)
观察值数目	168	168	168
公司数目	44	44	44
调整的 R^2	0.90	0.86	0.88

注:(1)样本选取的截止日期为 2010 年 6 月 11 日。样本的时间窗为 2006~2009 年。

(2)本表样本包含的企业为同时发行 B 股的上市公司。B 股特指中国上市公司发行的人民币特种股票。以人民币标明面值,以外币认购和交易,在中国境内证券交易所上市。B 股市场于 1992 年建立,2001 年 2 月 19 日前仅限外国投资者买卖,此后,B 股市场对国内投资者开放。

(3)各变量的定义请参见表 4-5。

(4)括号内为各统计量的稳健标准差。**和*分别表示在 5% 和 10% 的水平显著。

资料来源:Wind 中国金融数据库。

从表 5-10 第(2)列可以看到,2006~2009 年,所得税改革后税率

---

[1]   表 5-10 中 Hausman 检验的 p 值为 0.00,因此选择固定效应估计模型。

提高的上市公司其债务比率为负数，这与本书研究第一个假说的预期不一致，但并不显著。表 5-10 第 (2) 列的回归结果证实了本书提出的第二个假说，即非债务税盾和债务比率负相关。回归系数在 5% 的水平下显著不为零，非债务税盾每上升 1 个百分点，公司总负债率要减少 1.56 个百分点，远远高于基准回归结果表 5-1 第 (3) 列的 0.74 个百分点。这说明 2008 年企业所得税改革使得税收作用于同时发行 B 股的上市公司的资本结构的渠道主要是通过非债务税盾来实现的。

国有上市公司是指政府或国有企业 (单位) 拥有 50% 以上股本，以及持有股份的比例虽然不足 50%，但拥有实际控制权 (能够支配企业的经营决策和资产财务状况，并以此获取资本收益的权利) 或依其持有的股份已足以对股东会、股东大会的决议产生重大影响的上市公司。在总样本的 722 个上市公司中，国有企业的数目达到了 464 家，约占总样本的 64.27%。

表 5-11 给出了 2006~2009 年国有上市公司税收与总负债率的回归结果。第 (1) 列、第 (2) 列和第 (3) 列分别使用混合估计、固定效应估计和随机效应估计方法。F 检验[①]的结果均表明样本中的个体存在着显著性差异，因此，个体固定效应模型是更合适的估计模型。而 Hausman 检验[②]的结果则表明应该使用固定效应估计方法而不是随机效应估计方法。因此，将表 5-11 第 (2) 列作为国有上市公司税收与总负债率的基本回归结果。

表 5-11　　　　　税收与公司总负债率回归结果（国有上市公司）

	本表因变量为 lev		
自变量	Pooled OLS	Fixed Effects OLS	Random Effects OLS
du	-1.00 (0.49)	—	-0.93 (0.71)

[①] 表 5-11 中 F 检验的数值为 9.61，在 1% 的显著性水平下拒绝了使用混合估计模型的零假设。

[②] 表 5-11 中 Hausman 检验的 p 值为 0.00，因此选择固定效用估计模型。

本表因变量为 lev			
自变量	Pooled OLS	Fixed Effects OLS	Random Effects OLS
dt	-2.12	-2.15**	-2.15**
	(0.50)	(0.31)	(0.28)
du*dt	0.59	1.04**	0.85*
	(0.73)	(0.44)	(0.45)
tax	-0.00	-0.00**	-0.00**
	(0.00)	(0.00)	(0.00)
ndts	-1.02**	-0.26	-0.91**
	(0.14)	(0.20)	(0.13)
size	1.30**	2.45**	1.63
	(0.18)	(0.49)	(0.26)
liqu	-0.00**	-0.00**	-0.00**
	(0.00)	(0.00)	(0.00)
zscore	0.01**	-0.01**	0.00
	(0.00)	(0.00)	(0.00)
grow	0.00	-0.00	0.00
	(0.00)	(0.00)	(0.00)
tang	-0.70**	-0.59**	-0.65**
	(0.02)	(0.01)	(0.01)
prof	-0.37**	-0.04	-0.20**
	(0.05)	(0.04)	(0.03)
cf	-0.06**	0.03**	0.01
	(0.02)	(0.01)	(0.01)
观察值数目	1 790	1 790	1 790
公司数目	463	463	463
调整的 R^2	0.80	0.76	0.80

注：（1）样本选取的截止日期为 2010 年 6 月 11 日。样本的时间窗为 2006~2009 年。

（2）本表样本包含的企业为国有上市公司。国有上市公司是指政府或国有企业（单位）拥有 50% 以上股本，以及持有股份的比例虽然不足 50%，但拥有实际控制权（能够支配企业的经营决策和资产财务状况，并以此获取资本收益的权利）或依其持有的股份已足以对股东会、股东大会的决议产生重大影响的上市公司。

（3）各变量的定义请参见表 4-5。

（4）括号内为各统计量的稳健标准差。＊＊和＊分别表示在 5% 和 10% 的水平显著。

资料来源：Wind 中国金融数据库。

从表 5-11 第（2）列可以看到，2006~2009 年，所得税改革后税率提高的上市公司其债务比率显著上升，这与本书第一个假说的预期相符。即 2006~2009 年所得税改革后税率提高的上市公司其债务比率显著上升，而且系数的规模（1.04）远远大于基准回归结果表 5-1 第（3）列的 0.58。表 5-11 第（2）列的回归结果同时也证实了本书提出的第二个假说，即非债务税盾和债务比率负相关，但回归系数不显著。这说明，2008年企业所得税改革使得税收作用于国有上市公司的资本结构的渠道主要是通过债务税盾来实现的。

沪深 300 是沪深 300 指数的简称，是一种反映 A 股市场整体走势的指数。沪深 300 一共包含 300 只股票，覆盖了沪深市场 60% 左右的市值，具有良好的市场代表性和可投资性，属于沪深 300 的上市公司有 188 家，约占总样本的 26.04%。

表 5 - 12 给出了 2006～2009 年沪深 300 上市公司税收与总负债率的回归结果。第（1）列、第（2）列和第（3）列分别使用混合估计、固定效应估计和随机效应估计方法。F 检验[1]的结果均表明样本中的个体存在着显著性差异，因此，个体固定效应模型是更合适的估计模型。而 Hausman 检验[2]的结果则表明应该使用固定效应估计方法而不是随机效应估计方法。因此，将表 5 - 11 第（2）列作为沪深 300 上市公司税收与总负债率的基本回归结果。

表 5 - 12　　　　　　税收与公司总负债率回归结果（沪深 300）

自变量	本表因变量为 lev		
	Pooled OLS	Fixed Effects OLS	Random Effects OLS
du	− 1.08 (0.73)	—	− 0.68 (1.07)
dt	− 3.03 (0.73)	− 2.61 * * (0.42)	− 2.91 * * (0.38)
du * dt	0.84 (1.10)	0.96 * (0.55)	0.94 * (0.56)
tax	0.01 (0.01)	0.00 (0.00)	0.00 (0.00)
ndts	− 1.18 * * (0.20)	− 0.40 * (0.23)	− 0.70 * * (0.17)
size	2.02 * * (0.31)	0.86 (0.57)	1.40 (0.40)

---

① 表 5 - 12 中 F 检验的数值为 13.94，在 1% 的显著性水平下拒绝了使用混合估计模型的零假设。

② 表 5 - 12 中 Hausman 检验的 p 值为 0.05，因此选择固定效用估计模型。

	本表因变量为 lev		
自变量	Pooled OLS	Fixed Effects OLS	Random Effects OLS
liqu	-0.01^{**} (0.00)	-0.00^{**} (0.00)	-0.00^{**} (0.00)
zscore	0.01^{**} (0.00)	0.01^{**} (0.00)	0.01^{**} (0.00)
grow	0.00^{**} (0.00)	0.00 (0.00)	0.00 (0.00)
tang	-0.69^{**} (0.03)	-0.69^{**} (0.02)	-0.70^{**} (0.01)
prof	-0.28^{**} (0.06)	-0.22^{**} (0.05)	-0.25^{**} (0.04)
cf	-0.06^{**} (0.03)	-0.01 (0.02)	0.02 (0.02)
观察值数目	731	731	731
公司数目	188	188	188
调整的 R^2	0.81	0.79	0.80

注：（1）样本选取的截止日期为 2010 年 6 月 11 日。样本的时间窗为 2006～2009 年。

（2）本表样本包含的企业为国有上市公司。国有上市公司是指政府或国有企业（单位）拥有 50% 以上股本，以及持有股份的比例虽然不足 50%，但拥有实际控制权（能够支配企业的经营决策和资产财务状况，并以此获取资本收益的权利）或依其持有的股份已足以对股东会、股东大会的决议产生重大影响的上市公司。

（3）各变量的定义请参见表 4 - 5。

（4）括号内为各统计量的稳健标准差。＊＊和＊分别表示在 5% 和 10% 的水平显著。

资料来源：Wind 中国金融数据库。

从表 5 - 12 第（2）列可以看到，2006～2009 年所得税改革后税率提高的上市公司其债务比率显著上升，这与本书第一个假说的预期相符。即在 2006～2009 年，所得税改革后税率提高的上市公司的债务比率显著上升，而且系数的规模（0.96）远远大于基准回归结果表 5 - 1 第（3）列的 0.58。表 5 - 12 第（2）列的回归结果同时也证实了本书提出的第二个假说，即非债务税盾和债务比率显著负相关。

自改革开放以来，中国区域经济的发展的不平衡性日益凸显，东部地区和西部地区的收入差距十分明显。东部地区利用其靠海的地理优势和发展经济特区的政策优势取得了较快的经济增长，西部地区则相对落后。这也表现在上市公司的数目上，在总样本 722 个上市公司中，企业总部位于东部地区的上市公司高达 446 家，而企业总部位于西部省份的上市公司只有 126 家。

近年来，为了缩小西部地区与东部地区的经济发展差距，国家推出了"西部大开发"的战略。根据国务院实施西部大开发有关文件精神，财政部、税务总局和海关总署联合下发的《财政部、国家税务总局、海关总署关于西部大开发税收优惠政策问题的通知》中规定，西部大开发企业所得税优惠政策将继续执行，所以 2008 年企业所得税改革可能不会改变西部地区企业的资本结构。因此，分别考察总部位于东部地区的上市公司和总部位于西部地区的上市公司税收与资本结构的关系是有必要的。

表 5－13 给出了 2006～2009 年总部位于东部地区的上市公司税收与总负债率的回归结果。第（1）列、第（2）列和第（3）列分别使用混合估计、固定效应估计和随机效应估计方法。F 检验①的结果均表明样本中的个体存在着显著性差异，因此个体固定效应模型是更合适的估计模型。而 Hausman 检验②的结果则表明应该使用固定效应估计方法而不是随机效应估计方法。因此将表 5－13 第（2）列作为总部位于东部地区的上市公司税收与总负债率的基本回归结果。

表 5－13　税收与公司总负债率回归结果（总部位于东部地区的上市公司）

自变量	本表因变量为 lev		
	Pooled OLS	Fixed Effects OLS	Random Effects OLS
du	-1.18	—	-1.08
	(0.52)		(0.74)
dt	-2.14	-1.80**	-2.08**
	(0.47)	(0.30)	(0.28)
du*dt	0.46	0.42	0.41
	(0.77)	(0.45)	(0.46)
tax	-0.01	-0.00	-0.00**
	(0.01)	(0.00)	(0.00)
ndts	-1.20**	-0.45**	-1.03**
	(0.13)	(0.20)	(0.13)

① 表 5－13 中 F 检验的数值为 9.71，在 1% 的显著性水平下拒绝了使用混合估计模型的零假设。

② 表 5－13 中 Hausman 检验的 p 值为 0.00，因此选择固定效用估计模型。

	本表因变量为 lev		
自变量	Pooled OLS	Fixed Effects OLS	Random Effects OLS
size	0.83 * *	0.61 * *	0.90
	(0.24)	(0.51)	(0.26)
liqu	− 0.00 * *	− 0.00	− 0.00 * *
	(0.00)	(0.00)	(0.00)
zscore	0.00 * *	− 0.02 * *	− 0.00 * *
	(0.00)	(0.00)	(0.00)
grow	0.00	0.00	0.00
	(0.00)	(0.00)	(0.00)
tang	− 0.77 * *	− 0.67 * *	− 0.72 * *
	(0.02)	(0.01)	(0.01)
prof	− 0.26 * *	− 0.03	− 0.15 * *
	(0.05)	(0.03)	(0.03)
cf	− 0.06 * *	0.01	0.00
	(0.02)	(0.01)	(0.01)
观察值数目	1 729	1 729	1 729
公司数目	446	446	446
调整的 R^2	0.83	0.80	0.83

注：（1）样本选取的截止日期为 2010 年 6 月 11 日。样本的时间窗为 2006～2009 年。

（2）本表样本包含的企业为总部位于东部地区的上市公司。东部省份包括北京、天津、河北、辽宁、山东、江苏、浙江、福建、广东和海南。

（3）各变量的定义请参见表 4 - 5。

（4）括号内为各统计量的稳健标准差。* * 和 * 分别表示在 5% 和 10% 的水平显著。

资料来源：Wind 中国金融数据库。

从表 5 - 13 第（2）列可以看到，2006～2009 年所得税改革后税率提高的上市公司其债务比率上升，这与本书第一个假说的预期相符，但是回归系数并不显著。表 5 - 13 第（2）列的回归结果证实了本书提出的第二个假说，即非债务税盾和债务比率负相关，回归系数在 5% 的水平下显著不为零。

这说明，2008 年企业所得税改革使得税收作用于总部位于东部地区的上市公司的资本结构的渠道主要是通过非债务税盾来实现的。由于东部省份大部分企业特别是位于经济特区或经济开发区的企业大都能享受到较为优惠的税率，而所得税改革的税率也是逐渐上调的，所以它们的资本结构对实际税率的调整并不敏感。但它们的资本结构对于非债务税盾的调整的反应十分显著。

表 5－14 给出了 2006～2009 年总部位于西部地区的上市公司税收与总负债率的回归结果。第（1）列、第（2）列和第（3）列分别使用混合估计、固定效应估计和随机效应估计方法。F 检验[①]的结果均表明样本中的个体存在着显著性差异，因此个体固定效应模型是更合适的估计模型。而 Hausman 检验[②]的结果则表明应该使用随机效应估计方法。因此，将表 5－14 第（3）列作为总部位于东部地区的上市公司税收与总负债率的基本回归结果。

表 5－14　税收与公司总负债率回归结果（总部位于西部地区的上市公司）

自变量	本表因变量为 lev		
	Pooled OLS	Fixed Effects OLS	Random Effects OLS
du	0.44	—	0.67
	(0.96)		(1.22)
dt	0.27	0.24	－0.31
	(0.97)	(0.61)	(0.54)
du * dt	－0.21	－0.19	－0.22
	(1.31)	(0.71)	(0.70)
tax	0.00 * *	－0.00	0.00
	(0.00)	(0.00)	(0.00)
ndts	－0.41 *	－0.45 * *	－0.16
	(0.22)	(0.20)	(0.23)
size	1.03 * *	1.44 *	－1.08
	(0.35)	(0.83)	(0.51)
liqu	－0.00	－0.00	－0.00
	(0.00)	(0.00)	(0.00)
zscore	－0.01 * *	－0.02 * *	－0.01 * *
	(0.00)	(0.01)	(0.00)
grow	0.00	－0.00	0.00
	(0.00)	(0.00)	(0.00)
tang	－0.79 * *	－0.80 * *	－0.81 * *
	(0.02)	(0.02)	(0.02)
prof	0.05	0.08	0.06 * *
	(0.04)	(0.04)	(0.03)
cf	－0.06	0.02	0.01
	(0.05)	(0.03)	(0.03)

---

①　表 5－14 中 F 检验的数值为 10.87，在 1% 的显著性水平下拒绝了使用混合估计模型的零假设。

②　表 5－14 中 Hausman 检验的 p 值为 0.61，因此选择随机效用估计模型。

续表

本表因变量为 lev			
自变量	Pooled OLS	Fixed Effects OLS	Random Effects OLS
观察值数目	476	476	476
公司数目	125	125	125
调整的 R^2	0.85	0.84	0.84

注：（1）样本选取的截止日期为 2010 年 6 月 11 日。样本的时间窗为 2006~2009 年。

（2）本表样本包含的企业为总部位于西部地区的上市公司。西部省份包括西藏、新疆、青海、甘肃、宁夏、云南、贵州、四川、重庆、广西和内蒙古。

（3）各变量的定义请参见表 4-5。

（4）括号内为各统计量的稳健标准差。＊＊和＊分别表示在 5% 和 10% 的水平显著。

资料来源：Wind 中国金融数据库。

从表 5-14 第（3）列可以看到，在 2006~2009 年，由于总部在西部地区的上市公司可以继续享受西部大开发政策优惠，因此它们的资本结构对所得税改革并不敏感，可以看到无论是实际税率还是非债务税盾对资本结构的影响均不显著。

表 5-15 给出了税收与公司总负债率回归结果及稳健性检验结果一览表。可以看到，除去非显著的情况，有效税率提高的公司提高了总债务比率，而有效税率下降的公司降低了其总债务比率，这印证了理论假说 1[①]。

表 5-15　　　税收与公司总负债率回归结果及稳健性检验结果一览

	税率			非债务税盾		
	符号	显著性	是否与理论假说 1 一致	符号	显著性	是否与理论假说 2 一致
基本回归结果	+	＊	是	－	＊＊	是
有效税率上升子样本	+	＊＊	是	－	＊＊	是
有效税率下降子样本	－	＊＊	否		不显著	
时间窗只包含 2007~2008 年的子样本	+	＊＊	是	－	不显著	
制造业	+	不显著		－	＊＊	是
批发和零售贸易	－	不显著		－	＊＊	是
房地产	+	＊	是	－	＊＊	是

---

① 有效税率下降子样本的回归结果与理论假说不一致，但系数规模太小（0.004），可忽略不计。

续表

	税率			非债务税盾		
	符号	显著性	是否与理论假说 1 一致	符号	显著性	是否与理论假说 2 一致
是否发行 B 股	+	不显著		−	＊＊	是
是否为国有企业	+	＊＊	是	−	不显著	
是否属于沪深 300	+	＊	是	−	＊	是
总部是否属于东部地区	+	不显著		−	＊＊	是
总部是否属于西部地区	+	不显著		−	不显著	

注：（1）＊＊和＊分别表示在 5% 和 10% 的水平显著。不显著表示在 10% 的水平不显著。

（2）有效税率的计算公式为：有效税率 = 所得税费用/当期税前利润总额。有效税率上升的公司是指 2008 年年报中公司披露的有效税率较 2007 年年报中公司披露的有效税率高的公司，有效税率下降的公司是指 2008 年年报中公司披露的有效税率较 2007 年年报中公司披露的有效税率低的公司。

（3）行业分类和行业代码是根据中国证监会 2001 年 3 月 6 日颁布的《中国上市行业指引》对这 722 家公司按行业门类进行分类的结果。

（4）国有企业是指政府或国有企业（单位）拥有 50% 以上股本，以及持有股份的比例虽然不足 50%，但拥有实际控制权（能够支配企业的经营决策和资产财务状况，并以此获取资本收益的权利）或依其持有的股份已足以对股东会、股东大会的决议产生重大影响的公司。

（5）东部省份包括北京、天津、河北、辽宁、山东、江苏、浙江、福建、广东和海南。西部省份包括西藏、新疆、青海、甘肃、宁夏、云南、贵州、四川、重庆、广西和内蒙古。

本书的实证结果与 Givoly 等（1992）研究 1986 年美国税收制度改革、Grant 和 Roman（2007）研究澳大利亚税收制度改革中有效税率变动和公司资本结构变动关系的研究结论是一致的。同时也表明了有效税率确实能够影响公司的资本结构，为研究税率和公司资本之间的关系提供了新的证据。

与陈维云等（2002）、肖作平（2004）和李霞（2008）认为债务税盾对公司资本结构无影响或影响程度非常小的结论不同，本书实证研究的结果表明有效税率提高的公司显著地提高了总债务比率，这也间接说明了在有效税率变动的环境下研究有效税率和公司资本结构之间的关系的重要性。

同时还可以看到，除去非显著的情况，非债务税盾与债务比率负相关，这印证了理论假说 2，这也进一步证实了 MacKie-Mason（1990）、Givoly 等（1992）以及 Fama 和 French（1998）的研究结论。与 Auerbach（1985）、Bradley、Jarrell 和 Kim（1984），Chaplinsky（1987），Titman 和 Wessels（1988）、李霞（2008）不同，笔者发现非债务税盾和企业债务比率显著负相关。

总之，税收（无论是债务税盾还是非债务税盾）与公司总负债率是显著相关的。但由于税收制度的相对静态，这给检验税收与公司资本结构之间的关系带来了极大的难度，很容易影响两者之间的显著性。2008 年中国企业所得税改革为研究两者之间的关系带来了一个"准实验"的机会。在债务税盾和非债务税盾大幅变动的前提下，很容易看到实证结果证实了本书前面的理论假说。这正是本书最大的贡献之一。

5.2　所得税改革及其经济后果

5.2.1　回归模型和回归方法探讨

所得税改革以及下文所提及的资本结构调整可能会对企业产生一系列的经济后果，本书只关注其中最重要的一维——企业持续产生自由现金流的能力（或者说生存能力）。因为企业生存的基本意义就是产生自由现金流，对于一家上市公司来说，其市值就是未来所有的自由现金流的折现。

但直接使用每年会计年度结束时的自由现金流并不能准确衡量企业的生存能力，因为按照会计权责发生制原则，现金流可能会提前或推迟实现。因此本研究与王跃堂等（2009）一样，用息税前利润（EBIT）的增长率来测度企业的生存能力，息税前利润正是按照权责发生制而核算的。

　　本节回归的模型与式（5.3）相似，即：

$$\mathrm{lne}bit_{it} = \beta_0 + \beta_1 du_{it} + \beta_2 dt_{it} + \beta_3 du_{it} \times dt_{it} + \gamma X_{it} + \mu_i + \nu_{it} \quad (5.4)$$

其中，i 和 t 分别表示公司和时间；$\mathrm{lne}bit$ 是息税前利润的增长率；du 为哑变量，处理组的取值为 1，对照组的取值为 0；dt 同样为哑变量，所得税改革之前的年份取值为 0，所得税改革之后的年份取值为 1；X 为其他控制变量（包括其他可能影响企业息税前利润增长的因素，如公司所得税税率、非债务税盾、公司规模、资产流动性、财务困境、成长机会和资产构成等，具体定义和符号请参见表 4 - 5）；μ_i 为公司固定效应；ν_{it} 为随机扰动项；β_0、β_1、β_2、β_3 以及 γ 为待估计的系数。

　　同上文一样，这里仍然分别使用混合估计（pooled OLS）、随机效应估计（random effects OLS）和固定效应估计（fixed effects OLS）估计式（5.4）并通过 F 检验和 Hausman 检验来选择最优回归方法。

5.2.2　基本回归结果

　　表 5 - 16 给出了 2006 ~ 2009 年所得税改革与 EBIT 增长率的回归结果。第（1）列、第（2）列和第（3）列分别使用混合估计、固定效应估计和随机效应估计方法。F 检验[①]的结果均表明样本中的个体存在着显著性差异，因此，个体固定效应模型是更合适的估计模型。而 Hausman 检验[②]的结果则表明应该使用固定效应估计方法而不是随机效应估计方法。因此，将表 5 - 16 第（2）列作为所得税改革与 EBIT 增长率的基本回归结果。

---

　　① 表 5 - 16 中 F 检验的数值为 6.64，在 1% 的显著性水平下拒绝了使用混合估计模型的零假设。

　　② 表 5 - 16 中 Hausman 检验的 p 值为 0.00，因此选择固定效用估计模型。

表 5-16   所得税改革与 EBIT 增长率回归结果

自变量	Pooled OLS	Fixed Effects OLS	Random Effects OLS
本表因变量为 ln（EBIT）			
du	-0.04 (0.03)	—	-0.04 (0.04)
dt	-0.05** (0.02)	-0.08** (0.02)	-0.06** (0.02)
du*dt	-0.15** (0.05)	-0.12** (0.03)	-0.14** (0.03)
tax	-0.00** (0.00)	-0.00 (0.00)	-0.00** (0.00)
ndts	0.05** (0.00)	-0.00 (0.01)	0.04** (0.00)
观察值数目	2 789	2 789	2 789
公司数目	720	720	720
调整的 R^2	0.76	0.69	0.75

注：（1）样本选取的截止日期为2010年6月11日。

（2）有效税率的计算公式为：有效税率＝所得税费用/当期税前利润总额。

（3）本表样本包括全部有效税率上升的公司和全部有效税率下降的公司。有效税率上升的公司是指2008年年报中公司披露的有效税率较2007年年报中公司披露的有效税率高的公司，有效税率下降的公司是指2008年年报中公司披露的有效税率较2007年年报中公司披露的有效税率低的公司。

（4）各变量的定义请参见表4-5。本表还包含的其他变量包括 size、liqu、zscore、grow 和 tang，具体定义和符号请参见表4-5。

（5）括号内为各统计量的稳健标准差。＊＊和＊分别表示在5%和10%的水平显著。

资料来源：Wind 中国金融数据库。

从表5-16第（2）列可以看到，与本书第三个假说的预期一致，即2006～2009年所得税改革后有效税率提高的上市公司其盈利能力下降，有效税率下降的上市公司其盈利能力提高。表5-16第（2）列表明所得税改革后有效税率下降的公司的息税前利润显著增长，有效税率每上升1个百分点，息税前利润的增长率上升0.12个百分点，这意味着有效税率每变动一个标准差（55.43），息税前利润的增长率将上升6.65个百分点，这是一个具有相当规模的数字。考虑到在构成基本样本的722家公司中，有效税率下降的上市公司高达443家（约占60%），这将大幅度的整体提升这些上市公司的业绩和内在价值。同时这也顺利实现了十届全国人大五次会议提出的税制改革原则"简税制、宽税基、低税率、严征管"的"低税率"原则。

5.2.3　稳健性检验

本节是所得税改革与 EBIT 增长率基本回归结果的一系列的稳健性检验。如时间窗只包含 2007～2008 年的子样本所得税改革与 EBIT 增长率的回归、各行业（制造业、批发和零售贸易和房地产）所得税改革与 EBIT 增长率的回归、其他属性子样本（是否发行 B 股、是否为国有企业、是否属于沪深 300、总部是否属于东部、总部是否属于西部）所得税改革与 EBIT 增长率的回归。回归基本方法仍然是混合估计、固定效应估计和随机效应估计方法。

表 5－17 和表 5－18 给出了所得税改革与上市公司 EBIT 增长率的稳健性检验。F 检验和 Hausman 检验的结果决定了表 5－17 和表 5－18 的各列均要使用固定效应回归方法。

表 5－17　　　　所得税改革与 EBIT 增长率稳健性检验（一）

	本表因变量为 ln（EBIT）			
	（1）	（2）	（3）	（4）
自变量	2007～2008 年	制造业	批发和零售贸易	房地产
du	—	—	—	—
dt	－0.12＊＊	－0.08＊＊	－0.06	0.00
	(0.02)	(0.03)	(0.05)	(0.10)
du＊dt	－0.10＊＊	－0.11＊＊	0.09	－0.12
	(0.04)	(0.04)	(0.08)	(0.14)
tax	－0.00＊＊	－0.00＊＊	－0.00＊＊	－0.00＊＊
	(0.00)	(0.00)	(0.00)	(0.00)
ndts	0.01	－0.03＊＊	0.08＊＊	－0.11
	(0.02)	(0.01)	(0.04)	(0.09)
估计方法选择	Fixed Effects OLS	Fixed Effects OLS	Fixed Effects OLS	Fixed Effects OLS
F 检验的 p 值	0.00	0.00	0.00	0.00
Hausman 检验 p 值	0.00	0.00	0.00	0.00
观察值数目	1 420	1 436	252	236

续表

	(1)	(2)	(3)	(4)
	本表因变量为 ln（EBIT）			
自变量	2007~2008 年	制造业	批发和零售贸易	房地产
公司数目	716	370	65	62
调整的 R^2	0.74	0.72	0.74	0.79

注：（1）样本选取的截止日期为 2010 年 6 月 11 日。

（2）有效税率的计算公式为：有效税率 = 所得税费用/当期税前利润总额。

（3）本表样本包括全部有效税率上升的公司和全部有效税率下降的公司。有效税率上升的公司是指 2008 年年报中公司披露的有效税率较 2007 年年报中公司披露的有效税率高的公司，有效税率下降的公司是指 2008 年年报中公司披露的有效税率较 2007 年年报中公司披露的有效税率低的公司。

（4）各变量的定义请参见表 4 - 5。本表还包含的其他变量包括 size、liqu、zscore、grow 和 tang，具体定义和符号请参见表 4 - 5。

（5）括号内为各统计量的稳健标准差。** 和 * 分别表示在 5% 和 10% 的水平显著。

（6）F 检验样本中的个体是否存在着显著差异，如果 p 值小于 0.10，个体固定效应模型是更合适的估计模型。Hausman 检验估计模型应该使用固定效应估计方法还是随机效应估计方法，如果 p 值小于 0.10 就是用固定效应估计方法，反之则使用随机效应估计方法。

（7）第（1）列的时间窗只包含 2007~2008 年，第（2）列、第（3）列和第（4）依次为制造业、批发和零售贸易和房地产。

资料来源：Wind 中国金融数据库。

表 5 - 18   所得税改革与 EBIT 增长率稳健性检验（二）

	(5)	(6)	(7)	(8)	(9)
	本表因变量为 ln（EBIT）				
自变量	发行 B 股	国有企业	沪深 300	总部位于东部地区	总部位于西部地区
du	—	—	—	—	—
dt	-0.15 (0.09)	-0.12** (0.02)	-0.21** (0.03)	-0.03 (0.02)	-0.01 (0.06)
du*dt	-0.07 (0.10)	-0.12** (0.03)	0.02 (0.04)	-0.12** (0.04)	-0.26** (0.07)
tax	-0.00 (0.00)	-0.00 (0.00)	-0.00** (0.00)	-0.00** (0.00)	-0.00** (0.00)
ndts	0.01 (0.05)	-0.02* (0.01)	-0.01 (0.02)	-0.01 (0.01)	-0.02 (0.03)
估计方法选择	Fixed Effects OLS	Fixed Effects OLS	Fixed Effects OLS	Fixed Effects OLS	Fixed Effects OLS
F 检验的 p 值	0.00	0.00	0.00	0.00	0.00

续表

本表因变量为 ln（EBIT）				
	(5)	(6)	(7)	(8)	(9)
自变量	发行 B 股	国有企业	沪深 300	总部位于 东部地区	总部位于 西部地区
Hausman 检验 p 值	0.00	0.00	0.00	0.00	0.00
观察值数目	176	1 785	731	1 725	475
公司数目	44	462	188	445	125
调整的 R^2	0.42	0.67	0.63	0.68	0.74

注：（1）样本选取的截止日期为 2010 年 6 月 11 日。

（2）有效税率的计算公式为：有效税率 = 所得税费用/当期税前利润总额。

（3）本表样本包括全部有效税率上升的公司和全部有效税率下降的公司。有效税率上升的公司是指 2008 年年报中公司披露的有效税率较 2007 年年报中公司披露的有效税率高的公司，有效税率下降的公司是指 2008 年年报中公司披露的有效税率较 2007 年年报中公司披露的有效税率低的公司。

（4）各变量的定义请参见表 4－5。本表还包含的其他变量包括 size、liqu、zscore、grow 和 tang，具体定义和符号请参见表 4－5。

（5）括号内为各统计量的稳健标准差。** 和 * 分别表示在 5% 和 10% 的水平显著。

（6）F 检验样本中的个体是否存在着显著差异，如果 p 值小于 0.10，个体固定效应模型是更合适的估计模型。Hausman 检验估计模型应该使用固定效应估计方法还是随机效应估计方法，如果 p 值小于 0.10 就是用固定效应估计方法，反之则使用随机效应估计方法。

（7）第（5）列、第（6）列、第（7）列、第（8）列和第（9）列分别为发行 B 股公司、国有企业、属于沪深 300 公司、总部属于东部地区公司和总部属于西部地区公司。

资料来源：Wind 中国金融数据库。

第（1）列将时间窗缩短为 2007～2008 年，可以看到所得税改革后有效税率提高的上市公司的盈利能力显著下降，有效税率下降的上市公司的盈利能力显著提高，这与本书第三个假说的预期一致，同时系数（0.10）也与基本回归结果表 5－16 第（2）列（0.12）十分接近。第（2）列制造业、第（6）列国有企业、第（8）列总部位于东部地区的上市公司和第（9）列总部位于西部地区的上市公司的回归结果也都表明了所得税改革后有效税率提高的上市公司其盈利能力显著下降。除了第（9）列总部位于西部地区的上市公司其回归系数规模偏大（0.26），其他各列的回归系数规模均与基本回归结果相当接近。

第（3）列批发和零售贸易、第（4）列房地产、第（5）列发行 B 股的上市公司和第（7）列的沪深 300 上市公司的回归结果表明，所得税改革后，有效税率提高的上市公司其盈利能力却没有显著变化。笔者认为第（3）列、第（4）列和第（5）列得样本数量明显偏小，这正是造成回归结果不显著的重要原因。值得注意的是表5－18 第（7）列的沪深300 上市公司的回归结果，可以看到所得税有效税率提高的沪深300 成分股的盈利能力有所提高，但并不显著。这说明沪深300 成分股不愧为蓝筹股，具有强大的持续盈利能力，2008 年企业所得税改革引致的有效税率上升并没有削弱它们的盈利能力。

总之，除去小样本和沪深300 样本，本书的实证结果证实了前文提到的第3 个假说，即在2006 ~ 2009 年，所得税改革后有效税率提高的上市公司其盈利能力下降，有效税率下降的上市公司其盈利能力提高。

5.3 资本结构调整及其经济后果

5.3.1 回归方法探讨

本节检验前文所提出的第四个假说，本节的回归模型为：

$$\ln ebit_{it} = \beta_0 + \beta_1 du_{it} + \beta_2 dt_{it} + \beta_3 du_{it} \times dt_{it} + \beta_4 lev_{it} + \gamma X_{it} + \mu_i + \nu_{it}$$

$$(5.5)$$

其中，i 和 t 分别为公司和时间；$\ln ebit$ 为息税前利润的增长率；du 为哑变量，处理组的取值为 1，对照组的取值为 0；dt 为哑变量，所得税改革之前的年份取值为 0，所得税改革之后的年份取值为 1；lev 为企业总负债率；X 为其他控制变量（包括其他可能影响企业息税前利润增长的因素，如公司所得税税率、非债务税盾、公司规模、资产流动性、财务困境、成长机会和资产构成，具体定义和符号请参见表 4 - 5）；μ_i 为公司固定效应；ν_{it} 为随机扰动项；β_0、β_1、β_2、β_3、β_4 以及 γ 为待估计的系数。

同前文一样，仍然分别使用混合估计、随机效应估计和固定效应估计式（5.5）并通过 F 检验和 Hausman 检验来选择最优回归方法。

5.3.2　基本回归结果

表 5 - 19 给出了 2006 ~ 2009 年资本结构调整与 EBIT 增长率的回归结果。第（1）列、第（2）列和第（3）列分别使用混合估计、固定效应估计和随机效应估计方法。F 检验①的结果均表明样本中的个体存在着显著性差异，因此，个体固定效应模型是更合适的估计模型。而 Hausman 检验②的结果则表明应该使用固定效应估计方法而不是随机效应估计方法。因此，将表 5 - 19 第（2）列作为所得税改革与 EBIT 增长率的基本回归结果。

表 5 - 19　　　　　　　资本结构调整与 EBIT 增长率回归结果

本表因变量为 ln（EBIT）			
	（1）	（2）	（3）
自变量	Pooled OLS	Fixed Effects OLS	Random Effects OLS
du	- 0.05 (0.03)	—	- 0.05 (0.04)
dt	- 0.08 * * (0.02)	- 0.08 * * (0.02)	- 0.08 * * (0.02)
du * dt	- 0.14 * * (0.05)	- 0.12 * * (0.03)	- 0.13 * * (0.03)
lev	- 0.01 * * (0.00)	0.00 (0.00)	- 0.00 * * (0.00)
观察值数目	2 789	2 789	2 789

---

① 表 5 - 19 中 F 检验的数值为 6.29，在 1% 的显著性水平下拒绝了使用混合估计模型的零假设。

② 表 5 - 19 中 Hausman 检验的 p 值为 0.00，因此选择固定效用估计模型。

续表

	(1)	(2)	(3)
	本表因变量为 ln（EBIT）		
	(1)	(2)	(3)
自变量	Pooled OLS	Fixed Effects OLS	Random Effects OLS
公司数目	720	720	720
调整的 R^2	0.77	0.69	0.76

注：（1）样本选取的截止日期为 2010 年 6 月 11 日。

（2）有效税率的计算公式为：有效税率＝所得税费用/当期税前利润总额。

（3）本表样本包括全部有效税率上升的公司和全部有效税率下降的公司。有效税率上升的公司是指 2008 年年报中公司披露的有效税率较 2007 年年报中公司披露的有效税率高的公司，有效税率下降的公司是指 2008 年年报中公司披露的有效税率较 2007 年年报中公司披露的有效税率低的公司。

（4）各变量的定义请参见表 4 - 5。本表还包含的其他变量包括 size、liqu、zscore、grow 和 tang，具体定义和符号请参见表 4 - 5。

（5）括号内为各统计量的稳健标准差。** 和 * 分别表示在 5% 和 10% 的水平显著。

资料来源：Wind 中国金融数据库。

表 5 - 19 第（2）列表明债务比率的上升并没有显著提升上市公司的盈利能力。这与本研究第四个假说的预期是一致的。这也表明权衡理论并不适用于中国的上市公司。

表 5 - 19 第（1）列混合回归和表 5 - 19 第（3）列随机效应回归则表明债务比率与上市公司的盈利能力负相关，这与 Myers（1984）的理论分析以及 Titman 和 Wessels（1988）、Rajan 和 Zingales（1995）、Shyam-Sunder 和 Myers（1999）以及 Booth 等人（2001）的实证结果是相同的[①]。

5.3.3　稳健性检验

本节是资本结构调整与 EBIT 增长率基本回归结果的一系列的稳健性检验。如时间窗只包含 2007～2008 年的子样本资本结构调整与 EBIT 增长率的回归、各行业（制造业、批发和零售贸易和房地产）资本结构调整与 EBIT 增长率的回归、其他属性子样本（是否发行 B 股、是否为国有企业、

---

① 由于以上实证文献采用横截面数据回归，回归方法与混合回归相似，因此可以直接比较。

是否属于沪深 300、总部是否属于东部、总部是否属于西部）资本结构调整与 EBIT 增长率的回归。回归基本方法仍然是混合估计、固定效应估计和随机效应估计方法。

表 5 - 20 和表 5 - 21 给出了资本结构调整与上市公司 EBIT 增长率的稳健性检验。F 检验和 Hausman 检验的结果决定了表 5 - 20 和表 5 - 21 的各列均要使用固定效应回归方法。

表 5 - 20　　　　　　资本结构调整与 EBIT 增长率稳健性检验（一）

本表因变量为 ln（EBIT）				
	（1）	（2）	（3）	（4）
自变量	2007 ~ 2008 年	制造业	批发和零售贸易	房地产
du	—	—	—	—
dt	- 0. 13 * * (0. 02)	- 0. 08 * * (0. 03)	- 0. 07 (0. 05)	0. 00 (0. 10)
du * dt	- 0. 09 * * (0. 04)	- 0. 11 * * (0. 04)	0. 07 (0. 08)	- 0. 10 (0. 14)
lev	- 0. 00 (0. 00)	- 0. 00 (0. 00)	- 0. 02 * * (0. 00)	- 0. 01 (0. 01)
估计方法选择	Fixed Effects OLS	Fixed Effects OLS	Fixed Effects OLS	FixedEffects OLS
F 检验的 p 值	0. 00	0. 00	0. 00	0. 00
Hausman 检验 p 值	0. 00	0. 00	0. 00	0. 00
观察值数目	1 420	1 436	252	236
公司数目	716	370	65	62
调整的 R^2	0. 74	0. 72	0. 75	0. 80

注：（1）样本选取的截止日期为 2010 年 6 月 11 日。

（2）有效税率的计算公式为：有效税率 = 所得税费用/当期税前利润总额。

（3）本表样本包括全部有效税率上升的公司和全部有效税率下降的公司。有效税率上升的公司是指 2008 年年报中公司披露的有效税率较 2007 年年报中公司披露的有效税率高的公司，有效税率下降的公司是指 2008 年年报中公司披露的有效税率较 2007 年年报中公司披露的有效税率低的公司。

（4）各变量的定义请参见表 4 - 5。本表还包含的其他变量包括 tax、ntds、size、liqu、zscore、grow 和 tang，具体定义和符号请参见表 4 - 5。

（5）括号内为各统计量的稳健标准差。* * 和 * 分别表示在 5% 和 10% 的水平显著。

（6）F 检验样本中的个体是否存在着显著差异，如果 p 值小于 0. 10，个体固定效应模型是更合适的估计模型。Hausman 检验估计模型应该使用固定效应估计方法还是随机效应估计方法，如果 p 值小于 0. 10 就是用固定效应估计方法，反之则使用随机效应估计方法。

（7）第（1）列的时间窗只包含 2007 ~ 2008 年，第（2）列、第（3）列和第（4）依次为制造业、批发和零售贸易和房地产。

资料来源：Wind 中国金融数据库。

表 5 - 21　　　　　　　**所得税改革与 EBIT 增长率稳健性检验（二）**

	(5)	(6)	(7)	(8)	(9)
	本表因变量为 ln（EBIT）				
自变量	发行 B 股	国有企业	沪深 300	总部位于东部地区	总部位于西部地区
du	—	—	—	—	—
dt	−0.06	−0.13**	−0.24**	−0.04*	−0.01
	(0.08)	(0.02)	(0.03)	(0.02)	(0.06)
du*dt	−0.05	−0.11**	0.03	−0.12**	−0.26**
	(0.10)	(0.03)	(0.04)	(0.04)	(0.07)
lev	0.01	−0.00	−0.01**	−0.00	0.00
	(0.01)	(0.00)	(0.00)	(0.00)	(0.00)
估计方法选择	Fixed Effects OLS	Fixed Effects OLS	Fixed Effects OLS	Fixed Effects OLS	Fixed Effects OLS
F 检验的 p 值	0.00	0.00	0.00	0.00	0.00
Hausman 检验 p 值	0.00	0.00	0.00	0.00	0.00
观察值数目	176	1 785	731	1 725	475
公司数目	44	462	188	445	125
调整的 R^2	0.40	0.68	0.65	0.69	0.74

注：（1）样本选取的截止日期为 2010 年 6 月 11 日。

（2）有效税率的计算公式为：有效税率 = 所得税费用/当期税前利润总额。

（3）本表样本包括全部有效税率上升的公司和全部有效税率下降的公司。有效税率上升的公司是指 2008 年年报中公司披露的有效税率较 2007 年年报中公司披露的有效税率高的公司，有效税率下降的公司是指 2008 年年报中公司披露的有效税率较 2007 年年报中公司披露的有效税率低的公司。

（4）各变量的定义请参见表 4 - 5。本表还包含的其他变量包括 tax、ntds、size、liqu、zscore、grow 和 tang，具体定义和符号请参见表 4 - 5。

（5）括号内为各统计量的稳健标准差。**和*分别表示在 5% 和 10% 的水平显著。

（6）F 检验样本中的个体是否存在着显著差异，如果 p 值小于 0.10，个体固定效应模型是更合适的估计模型。Hausman 检验估计模型应该使用固定效应估计方法还是随机效应估计方法，如果 p 值小于 0.10 就是用固定效应估计方法，反之则使用随机效应估计方法。

（7）第（5）列、第（6）列、第（7）列、第（8）列和第（9）列分别为发行 B 股公司、国有企业、属于沪深 300 公司、总部属于东部地区公司和总部属于西部地区公司。

资料来源：Wind 中国金融数据库。

表 5 - 20 第（3）列批发和零售贸易行业和表 5 - 21 第（7）列沪深 300 上市公司的回归结果表明上市公司总负债率与企业的盈利能力显著负相关。但回归系数规模非常小，上司公司总负债率增加一个标准差（18.62），批发和零售行业的利润增长率只减少 0.36 个百分点，而沪深 300 上市公司只减少 0.18 个百分点。

　　除去这两列，表 5 - 20 和表 5 - 21 的其余各列均显示上市公司负债率和盈利能力之间的关系不显著，这也证实了本研究的第四个假说，即债务比率的上升不会提升上市公司的盈利能力。

　　权衡理论认为，盈利能力较强的公司，面临的财务困境成本较小；为了更好地利用利息的税盾效应，公司会提高债务比率获得更多的盈利以增加公司价值。这意味着债务比率与盈利能力正相关。Myers（1984）却指出，高盈利公司有大量内部留存可用以融资，相对而言，债务比率较高的公司盈利能力也较差，因此债务比率与盈利能力应该负相关。本书的实证结果却表明债务比率的上升和中国上市公司的盈利能力不相关。

第 **6** 章

结论性评述

本章对全书进行一个结论性评述，具体的结构安排如下：第一部分是对本书实证证据的总结。第二部分是在所获得实证证据的基础上分析 2008 年企业所有税改革是否实现了设定的基本目标。第三部分是改善中国上市公司资本结构的政策建议。第四部分是对本书研究的局限性分析，并指出需要进一步研究的问题。

6.1 本书研究实证证据总结

本书利用 2008 年企业所得税改革前后（2006～2009 年）722 家中国非 ST 上市公司所构成的面板数据和双重差分法（differences in differences）来检验所得税改革对资本结构的影响及其经济后果。

（1）实证证据表明，企业所得税改革使得有效税率提高的上市公司的债务比率显著上升，同时使得有效税率下降的上市公司的债务比率显著下降。从表 5－1 第（3）列的回归结果可知，2006～2009 年，所得税改革后有效税率提高的上市公司其债务比率显著上升，有效税率每提高 1 个百分点，上市公司总体债务比率上升约 0.58 个百分点。

一系列的稳健性检验如时间窗只包含 2007～2008 年的子样本有效税率与公司总负债率的回归、各行业（制造业、批发和零售贸易和房地产）有效税率与公司总负债率的回归、其他属性子样本（是否发行 B 股、是否为国有企业、是否属于沪深 300、总部是否属于东部、总部是否属于西部）有效税率与公司总负债率的回归均表明该结果是稳健可靠的。

本书的实证结果与 Givoly 等（1992）研究 1986 年美国税收制度改革、Grant 和 Roman（2007）研究澳大利亚税收制度改革中有效税率变动和公司资本结构变动关系的研究结论是一致的。这不但证实了本书提出的第一个理论假说，也为研究税收因素与公司资本结构之间的关系提供了新的经验证据。

（2）实证证据还表明非债务税盾和上市公司债务比率显著负相关，这同时也证实了本书提出的第二个理论假说，并为研究税收因素与公司资本结构之间的关系提供了新的经验证据。

表 5-1 第（3）列显示非债务税盾每上升 1 个百分点，上市公司总体债务比率下降 0.74 个百分点。本书的实证结果与 MacKie-Mason（1990）、Givoly 等人（1992）以及 Fama 和 French（1998）的研究结论是一致的。

一系列的稳健性检验如时间窗只包含 2007～2008 年的子样本非债务税盾与公司总负债率的回归、各行业（制造业、批发和零售贸易和房地产）非债务税盾与公司总负债率的回归、其他属性子样本（是否发行 B 股、是否为国有企业、是否属于沪深 300、总部是否属于东部、总部是否属于西部）非债务税盾与公司总负债率的回归均表明该结果是稳健可靠的。

（3）实证证据表明公司规模与公司的总负债率显著正相关。这与 Marsh（1982）、Rajan 和 Zinganles（1995）、Wald（1999）和 Booth 等（2001）提供的实证证据完全一致，而与 Chaplinsky 和 Niehaus（1990）、Kester（1986）、Kim 和 Sorensen（1986）、Titman 和 Wessels（1988）提供的实证证据完全相反。

（4）实证证据表明 Z-score 与公司的总负债率显著负相关，这意味着公司的破产可能性越大，其总负债率水平越高。这与 MacKie-Mason（1990）、Graham（1996，1999）以及 Graham 等（1998）的发现是一致的，即财务困境越大的公司借债越多。

（5）实证证据表明公司的资产构成会显著影响公司的总杠杆比率。笔者的观点与 Titman 和 Wessels（1988）一致，拥有较多可作抵押资产的上市公司的由于代理成本较低，因此可能会选择较低的杠杆。

（6）实证证据表明盈利能力与公司的杠杆比率呈负相关关系，这与 Myers（1984）的理论分析不谋而合，同时也印证了 Friend 和 Lang（1988）、Kester（1986）、Titman 和 Wessels（1988）、Rajan 和 Zingales（1995）、Wald（1999）、Booth 等（2001）、Michaelas 等（1999）、Bevan 和 Danbolt（2001）的实证分析。

（7）实证证据表明企业所得税改革使得有效税率提高的上市公司的盈利能力显著下降，同时使得有效税率下降的上市公司的盈利能力显著提高。这也证实了本书提出的第三个理论假说。

实证证据表明，2006~2009 年所得税改革后有效税率提高的上市公司其盈利能力下降，有效税率下降的上市公司其盈利能力提高。表 5-16 第（2）列表明所得税改革后有效税率下降的公司的息税前利润显著增长，有效税率每上升 1 个百分点，息税前利润的增长率上升 0.12 个百分点。

一系列的稳健性检验如时间窗只包含 2007~2008 年的子样本税率因素与公司盈利能力的回归、各行业（制造业、批发和零售贸易和房地产）税率因素与公司盈利能力的回归、其他属性子样本（是否发行 B 股、是否为国有企业、是否属于沪深 300、总部是否属于东部、总部是否属于西部）税率因素与公司盈利能力的回归均表明该结果是稳健可靠的。

（8）实证证据表明债务比率的上升没有显著提升上市公司的盈利能力。这也证实了本书提出的第四个理论假说。

权衡理论认为盈利能力较强的公司，其面临的财务困境成本较小；为了更好地利用利息的税盾效应，公司会提高债务比率获得更多的盈利以增加公司价值。这意味着债务比率与盈利能力正相关。Myers（1984）却指出，高盈利公司有大量内部留存可用以融资，相对而言，债务比率较高的公司盈利能力也较差，因此债务比率与盈利能力应该负相关。

本书的实证证据却表明债务比率的上升和中国上市公司的盈利能力不相关。一系列的稳健性检验如时间窗只包含 2007~2008 年的债务比率与公司盈利能力的回归、各行业（制造业、批发和零售贸易和房地产）公司债务比率与公司盈利能力的回归、其他属性子样本（是否发行 B 股、是否为国有企业、是否属于沪深 300、总部是否属于东部、总部是否属于西部）公司债务比率与公司盈利能力的回归均表明该结果是稳健可靠的。

6.2　所得税改革是否实现了基本目标

根据十届全国人大五次会议，企业所得税改革的指导思想是，根据科学发展观和完善社会主义市场经济体制的总体要求，按照"简税制、宽税基、低税率、严征管"的税制改革原则，借鉴国际经验，建立各类企业统一适用的科学、规范的企业所得税制度，为各类企业创造公平的市场竞争环境。

从构成基本样本的 722 家公司的数据来看，经过 2008 年企业所得税改革后，有效税率下降的上市公司高达 443 家（约占 60%），而有效税率上升的 279 家上市公司的税率也将逐步增至 25%。

2006 年样本公司的息税前利润（EBIT）总和为 2 495 亿元，2007 年样本公司的息税前利润总和激增为 3 584 亿元，2008 年企业所得税改革，由于金融危机的影响，样本公司的息税前利润总和降至 3 428 亿元，2009 年样本公司的息税前利润总和为 3 746 亿元，总量上已经超过了 2007 年息税前利润的总和。

这些数据表明"简税制"、"宽税基"、"低税率"这三项基本原则已经基本实现，至于"严征管"的原则，则不在本文研究范围之内。总之，从本书的数据和实证结果来看，2008年企业所得税改革简化了企业所得税税制，为各类企业创造公平的市场竞争环境打下了良好的基础，大面积地降低了上市公司的所得税税率并增强了上市公司的盈利能力，顺利实现了早期设定的基本目标。

6.3　改善中国上市公司资本结构的政策建议

大量的实证文献（Chen，2004；肖作平，2004；李霞，2008等）和本书前面的样本数据均表明，与其他国家的上市公司相比，中国上市公司偏好股权融资而不是债务融资。

资本市场的发展程度，在很大程度上决定着公司融资决策。在成熟的市场经济环境中，公司对股票市场和债券市场的依赖是一种不可替代的关系，正是由于权益资本和债务资本的相互补充，才使资本市场配置资源作用得以有效发挥。但中国资本市场总体上呈现出"股票市场强，企业债券市场弱"的现象，股票市场发展迅速且规模急剧扩大，影响深刻，而企业债券市场发展明显滞后，市场总量偏低。

债券市场之所以发展缓慢，很大的原因是因为在当前的税收制度里，相对于股权融资而言，鼓励债券融资的条款不多，而且国债等金融产品的免税也带来一定的消极作用。

近年来，中国政府高度重视债券市场发展，明确提出扩大企业债券发行规模，大力发展公司债券，并且指出要多渠道提高直接融资比例。建立债券融资的税收激励机制，是扩大债券市场的规模，促进债券市场发展的重要手段。债券融资税收激励机制的建立，如降低企业债券利息的个人所得税率，就可以增强企业债券的吸引力。

根据 Miller 模型，如果降低企业债券利息的个人所得税率，会相应增加公司利用债券融资的税收收益，投资者将更喜欢低税的债券而不是高税的股票，这就可以较好地促进企业债券的发行与交易。

中国现行的利息和股利的个人所得税率较高，不利于实现鼓励债券市场发展的目标。因此，可以考虑适当调低企业债券利息的个人所得税率，甚至实施与国债同样的免税待遇，这样就可以相对减少债券的有关税负，降低债务融资的实际成本，以增加公司利用债券融资的税收收益。当债券的税负低于股票的税负时，就会吸引社会公众投资于债券，逐步鼓励债券市场的健康发展，最终实现股票市场和债券市场的平衡发展，为上市公司创造理性融资的场所。

6.4　本书研究的局限和后续研究建议

本书的不足主要包括两个方面，首先是许多变量尚无法测量，例如公司的治理结构的好坏、公司是否为高科技公司等，如果能够顺利测量，将有利于全面考察 2008 年企业所得税改革的影响；其次是由于距离 2008 年税制改革的时间较短，如果能够延长时间窗，研究结果可能更具有说服力。因此后续的跟进研究是必要的。

关于税收因素与资本结构关系的研究，目前尚停留在验证税收因素是否影响公司资本结构的阶段，至于影响的深度和广度，仍存在着继续探讨的空间。例如，对于特定公司税收状况的变动是否会影响其债务政策，目前还缺乏时间序列的证据；非债务税盾是否能替代利息扣除还有待探究；对于公司所得税与个人所得税对债务总供求的影响仍需深入分析；等等。

附　录

附表 1　　　　　　　　　**本文基础样本的基本资料**

编码	证券简称	所属证监会行业	Treat	B-share	SOE	HS300	East	West
1	万科 A	房地产业	0	1	1	1	1	0
2	深振业 A	房地产业	0	0	1	0	1	0
3	中国宝安	综合类	1	0	1	1	1	0
4	南玻 A	制造业	0	1	1	1	1	0
5	沙河股份	房地产业	0	0	1	0	1	0
6	深赤湾 A	交通运输、仓储业	1	1	0	0	1	0
7	招商地产	房地产业	0	1	1	1	1	0
8	飞亚达 A	制造业	0	1	1	0	1	0
9	深圳能源	电力、煤气及水的生产和供应业	0	0	1	1	1	0
10	一致药业	制造业	0	1	1	0	1	0
11	深深房 A	房地产业	1	1	0	0	1	0
12	中粮地产	房地产业	1	0	0	1	1	0
13	深桑达 A	信息技术业	1	0	0	0	1	0
14	中集集团	制造业	1	1	0	1	1	0
15	深长城	房地产业	1	0	0	0	1	0
16	中航地产	综合类	1	0	1	0	1	0
17	深纺织 A	制造业	0	1	0	0	1	0
18	泛海建设	房地产业	0	0	0	1	1	0
19	辽通化工	制造业	0	0	1	1	0	0
20	中金岭南	制造业	1	0	0	1	1	0
21	农产品	批发和零售贸易	0	0	1	1	1	0
22	深圳华强	综合类	1	0	0	0	1	0
23	中兴通讯	信息技术业	0	0	1	1	1	0
24	华侨城 A	社会服务业	1	0	1	1	1	0
25	盐田港	交通运输、仓储业	1	0	1	0	1	0
26	深圳机场	交通运输、仓储业	1	0	1	1	1	0
27	广聚能源	批发和零售贸易	1	0	1	0	1	0
28	中信海直	交通运输、仓储业	1	0	1	0	1	0
29	丰原药业	制造业	0	0	1	0	0	0
30	川化股份	制造业	0	0	1	0	0	0
31	中联重科	制造业	1	0	1	1	0	0
32	国际实业	制造业	0	0	1	0	0	1
33	东方市场	制造业	0	0	1	1	1	0

编码	证券简称	所属证监会行业	Treat	B-share	SOE	HS300	East	West
34	许继电气	制造业	1	0	1	0	0	0
35	冀东水泥	制造业	0	0	1	1	1	0
36	金融街	房地产业	0	0	1	1	1	0
37	华意压缩	制造业	0	0	1	0	0	0
38	胜利股份	制造业	0	0	0	0	1	0
39	沈阳机床	制造业	0	0	0	0	1	0
40	英特集团	批发和零售贸易	0	0	1	0	1	0
41	民生投资	批发和零售贸易	1	0	0	0	1	0
42	合肥百货	批发和零售贸易	0	0	0	0	0	0
43	小天鹅 A	制造业	1	1	0	0	1	0
44	通程控股	批发和零售贸易	0	0	1	0	0	0
45	南京中北	社会服务业	1	0	0	0	1	0
46	湖北宜化	制造业	0	0	1	1	0	0
47	东阿阿胶	制造业	0	0	1	1	1	0
48	徐工机械	制造业	0	0	1	1	1	0
49	华天酒店	社会服务业	0	0	1	0	0	0
50	粤高速 A	交通运输、仓储业	0	1	1	0	1	0
51	晨鸣纸业	制造业	1	1	1	1	1	0
52	鄂武商 A	批发和零售贸易	0	0	0	0	0	0
53	绿景地产	房地产业	0	0	0	0	1	0
54	粤富华	综合类	1	0	1	0	1	0
55	银基发展	房地产业	0	0	0	0	1	0
56	丽珠集团	制造业	1	1	1	0	1	0
57	渝开发	房地产业	0	0	0	0	0	1
58	开元控股	批发和零售贸易	0	0	0	0	0	1
59	美菱电器	制造业	0	1	1	0	1	0
60	广州浪奇	制造业	0	0	1	0	1	0
61	红太阳	制造业	0	0	1	0	1	0
62	美的电器	制造业	1	0	0	1	1	0
63	柳工	制造业	1	0	1	1	0	1
64	大冷股份	制造业	0	1	0	0	1	0
65	万家乐	制造业	0	0	0	0	1	0
66	万泽股份	房地产业	1	0	0	0	1	0
67	闽闽东	制造业	0	0	1	0	1	0
68	云南白药	制造业	1	0	1	1	0	1
69	中天城投	房地产业	0	0	0	0	0	1
70	佛山照明	制造业	1	1	0	0	1	0
71	中原环保	电力、煤气及水的生产和供应业	0	0	1	0	0	0
72	闽福发 A	信息技术业	0	0	0	0	1	0
73	湖南投资	社会服务业	0	0	1	0	0	0
74	江铃汽车	制造业	1	1	1	0	0	0

续表

编码	证券简称	所属证监会行业	Treat	B-share	SOE	HS300	East	West
75	创元科技	综合类	1	0	1	0	1	0
76	沙隆达 A	制造业	1	1	0	0	0	0
77	泰山石油	批发和零售贸易	0	0	1	0	1	0
78	莱茵置业	房地产业	0	0	0	0	1	0
79	万向钱潮	制造业	0	0	1	1	1	0
80	昆百大 A	批发和零售贸易	1	0	1	0	0	0
81	西安民生	批发和零售贸易	0	0	0	0	0	0
82	渝三峡 A	制造业	0	0	1	0	0	1
83	海德股份	综合类	0	0	0	0	1	0
84	泸州老窖	制造业	0	0	1	1	0	1
85	新大洲 A	采掘业	0	0	0	0	1	0
86	威孚高科	制造业	0	1	1	0	1	0
87	桐君阁	制造业	1	0	1	0	0	0
88	国恒铁路	综合类	0	0	1	0	1	0
89	古井贡酒	制造业	1	1	1	0	0	0
90	东北制药	制造业	0	0	1	0	1	0
91	建投能源	电力、煤气及水的生产和供应业	0	0	0	0	0	0
92	阳光股份	房地产业	1	0	1	0	0	1
93	绵世股份	房地产业	1	0	1	0	1	0
94	时代科技	制造业	0	0	1	0	0	1
95	焦作万方	制造业	0	0	1	1	0	0
96	亿城股份	房地产业	0	0	0	0	1	0
97	海螺型材	制造业	0	0	1	0	0	0
98	吉林敖东	制造业	1	0	1	1	0	0
99	长安汽车	制造业	1	1	1	1	0	1
100	如意集团	综合类	1	0	1	0	1	0
101	铜陵有色	制造业	1	0	1	1	0	0
102	三木集团	综合类	0	0	1	0	1	0
103	茂化实华	制造业	1	0	1	0	1	0
104	万方地产	房地产业	1	0	0	0	1	0
105	格力电器	制造业	1	0	0	1	1	0
106	泰达股份	综合类	1	0	1	1	1	0
107	金岭矿业	采掘业	0	0	1	0	1	0
108	珠海中富	制造业	0	0	0	0	1	0
109	长春高新	制造业	0	0	1	0	0	0
110	武汉塑料	制造业	1	0	1	0	0	0
111	名流置业	房地产业	0	0	0	1	0	1
112	荣丰控股	房地产业	0	0	1	0	1	0
113	阳光城	综合类	0	0	0	0	1	0
114	襄阳轴承	制造业	1	0	1	0	0	0
115	大连友谊	批发和零售贸易	0	0	1	0	1	0

编码	证券简称	所属证监会行业	Treat	B-share	SOE	HS300	East	West
116	山推股份	制造业	0	0	1	1	1	0
117	中山公用	社会服务业	0	0	1	1	1	0
118	宝新能源	电力、煤气及水的生产和供应业	1	0	0	1	1	0
119	模塑科技	制造业	0	0	0	0	1	0
120	厦门信达	综合类	1	0	1	0	1	0
121	河北钢铁	制造业	0	0	1	1	1	0
122	中兴商业	批发和零售贸易	0	0	1	0	1	0
123	苏宁环球	房地产业	1	0	1	1	0	0
124	西安饮食	社会服务业	0	0	0	0	0	1
125	鲁泰 A	制造业	1	1	0	0	1	0
126	燕京啤酒	制造业	1	0	1	1	1	0
127	四川美丰	制造业	1	0	1	0	0	1
128	振华科技	制造业	1	0	1	0	0	1
129	普洛股份	制造业	0	0	1	0	1	0
130	长城信息	信息技术业	1	0	1	0	0	0
131	西藏发展	制造业	1	0	0	0	0	1
132	漳州发展	批发和零售贸易	1	0	1	0	1	0
133	新华制药	制造业	0	0	1	0	1	0
134	中色股份	采掘业	1	0	1	1	1	0
135	武汉中百	批发和零售贸易	1	0	0	0	0	0
136	西藏矿业	采掘业	0	0	1	0	0	1
137	西飞国际	制造业	1	0	1	1	0	1
138	中核科技	制造业	0	0	1	0	1	0
139	新兴铸管	制造业	0	0	1	1	1	0
140	平庄能源	采掘业	0	0	1	1	0	1
141	武汉中商	批发和零售贸易	0	0	1	0	0	0
142	北新建材	制造业	0	0	1	0	1	0
143	江西水泥	制造业	1	0	1	0	0	0
144	华神集团	制造业	0	0	0	0	0	1
145	盐湖钾肥	制造业	0	0	1	1	0	1
146	华闻传媒	传播与文化产业	0	0	1	1	1	0
147	宝商集团	批发和零售贸易	1	0	0	0	0	1
148	中国武夷	房地产业	1	0	1	0	1	0
149	一汽轿车	制造业	0	0	1	1	0	0
150	金宇车城	房地产业	1	0	1	0	0	1
151	华润锦华	制造业	1	0	0	0	0	1
152	美利纸业	制造业	1	0	1	0	0	1
153	江淮动力	制造业	0	0	0	0	1	0
154	岳阳兴长	制造业	0	0	1	0	0	0
155	京山轻机	制造业	1	0	0	0	0	0
156	超声电子	制造业	1	0	1	0	1	0

编码	证券简称	所属证监会行业	Treat	B-share	SOE	HS300	East	West
157	桑德环境	社会服务业	0	0	1	0	0	0
158	东莞控股	交通运输、仓储业	0	0	1	0	1	0
159	天音控股	批发和零售贸易	1	0	1	0	0	0
160	鲁西化工	制造业	0	0	0	0	1	0
161	贵糖股份	制造业	0	0	0	0	0	1
162	四川圣达	制造业	0	0	0	0	0	1
163	秦川发展	制造业	1	0	1	0	0	1
164	国兴地产	房地产业	1	0	0	0	0	1
165	中信国安	传播与文化产业	0	0	1	1	1	0
166	承德露露	制造业	0	0	0	0	1	0
167	华茂股份	制造业	0	0	1	0	0	0
168	高鸿股份	信息技术业	1	0	1	0	0	1
169	江钻股份	制造业	1	0	1	0	0	0
170	五粮液	制造业	0	0	0	1	0	1
171	顺鑫农业	制造业	0	0	1	0	1	0
172	海印股份	制造业	0	0	0	0	1	0
173	张裕 A	制造业	0	1	0	0	1	0
174	新希望	制造业	1	0	0	1	0	1
175	天山股份	制造业	0	0	1	0	0	1
176	大连国际	综合类	0	0	0	0	1	0
177	华联股份	批发和零售贸易	0	0	1	0	1	0
178	三环股份	制造业	0	0	1	0	0	0
179	同力水泥	制造业	1	0	1	0	0	0
180	中鼎股份	制造业	0	0	1	0	0	0
181	峨眉山 A	社会服务业	0	0	1	0	0	1
182	双汇发展	制造业	0	0	0	1	0	0
183	津滨发展	房地产业	0	0	0	1	1	0
184	鞍钢股份	制造业	0	0	1	1	1	0
185	赣能股份	电力、煤气及水的生产和供应业	1	0	1	0	0	0
186	现代投资	交通运输、仓储业	0	0	1	1	0	0
187	云内动力	制造业	1	0	1	0	0	1
188	厦门港务	交通运输、仓储业	0	0	1	0	1	0
189	大亚科技	制造业	0	0	1	0	1	0
190	南宁糖业	制造业	0	0	0	0	0	0
191	泸天化	制造业	1	0	1	0	0	1
192	钱江摩托	制造业	1	0	1	0	1	0
193	山大华特	综合类	0	0	1	0	1	0
194	华北高速	交通运输、仓储业	0	0	1	0	1	0
195	金陵药业	制造业	0	0	1	0	1	0
196	河北宣工	制造业	1	0	1	0	1	0
197	福星股份	房地产业	0	0	0	0	0	0

续表

编码	证券简称	所属证监会行业	Treat	B-share	SOE	HS300	East	West
198	中钢吉炭	制造业	1	0	1	0	0	0
199	兰州黄河	制造业	0	0	0	0	0	1
200	中关村	房地产业	0	0	1	0	1	0
201	神火股份	采掘业	0	0	1	1	0	0
202	冀中能源	采掘业	0	0	1	1	1	0
203	紫光股份	信息技术业	0	0	1	0	1	0
204	凯迪电力	采掘业	1	0	1	0	0	0
205	南天信息	信息技术业	0	0	1	0	0	1
206	建峰化工	制造业	0	0	1	0	0	1
207	中国重汽	制造业	0	0	1	1	1	0
208	广济药业	制造业	0	0	0	0	0	1
209	首钢股份	制造业	0	0	1	1	1	0
210	中南建设	建筑业	0	0	1	0	1	0
211	东方钽业	制造业	1	0	1	0	0	1
212	华东医药	批发和零售贸易	0	0	1	0	1	0
213	煤气化	采掘业	0	0	1	1	0	0
214	安泰科技	制造业	0	0	1	1	1	0
215	中科三环	制造业	0	0	1	0	1	0
216	浪潮信息	信息技术业	0	0	1	0	1	0
217	桂林旅游	社会服务业	1	0	1	0	0	1
218	金马股份	制造业	0	0	0	0	0	0
219	西山煤电	采掘业	0	0	1	1	0	0
220	广州友谊	批发和零售贸易	0	0	0	0	1	0
221	华工科技	制造业	1	0	0	0	0	0
222	九芝堂	制造业	0	0	1	0	0	0
223	诚志股份	制造业	1	0	1	0	0	0
224	闽东电力	电力、煤气及水的生产和供应业	0	0	1	0	1	0
225	中国中期	交通运输、仓储业	0	0	0	0	1	0
226	新大陆	信息技术业	0	0	0	0	1	0
227	隆平高科	农、林、牧、渔业	1	0	1	0	0	0
228	华润三九	制造业	0	0	1	1	1	0
229	宗申动力	制造业	1	0	0	0	0	0
230	新和成	制造业	0	0	1	1	1	0
231	伟星股份	制造业	0	0	0	0	1	0
232	华邦制药	制造业	1	0	0	0	0	1
233	华兰生物	制造业	1	0	0	1	0	0
234	大族激光	制造业	0	0	0	0	1	0
235	天奇股份	制造业	0	0	0	0	1	0
236	传化股份	制造业	0	0	1	0	1	0
237	盾安环境	制造业	0	0	1	0	1	0
238	中航精机	制造业	1	0	1	0	0	0

续表

编码	证券简称	所属证监会行业	Treat	B-share	SOE	HS300	East	West
239	永新股份	制造业	0	0	0	0	0	0
240	霞客环保	制造业	1	0	0	0	1	0
241	东信和平	制造业	0	0	0	0	1	0
242	华星化工	制造业	0	0	0	0	0	0
243	鑫富药业	制造业	0	0	0	0	1	0
244	科华生物	制造业	0	0	0	0	1	0
245	海特高新	交通运输、仓储业	0	0	0	0	0	1
246	苏宁电器	批发和零售贸易	0	0	0	1	1	0
247	航天电器	制造业	1	0	1	0	0	1
248	山东威达	制造业	1	0	0	0	1	0
249	思源电气	制造业	0	0	0	1	1	0
250	七匹狼	制造业	1	0	0	0	1	0
251	达安基因	制造业	0	0	0	0	1	0
252	巨轮股份	制造业	0	0	0	0	1	0
253	苏泊尔	制造业	1	0	0	0	1	0
254	丽江旅游	社会服务业	0	0	1	0	0	1
255	宜科科技	制造业	0	0	0	0	1	0
256	久联发展	制造业	0	0	0	0	0	1
257	双鹭药业	制造业	0	0	0	0	1	0
258	南京港	交通运输、仓储业	0	0	1	0	1	0
259	兔宝宝	制造业	0	0	0	0	1	0
260	江苏三友	制造业	1	0	0	0	1	0
261	广州国光	制造业	0	0	0	0	1	0
262	成霖股份	制造业	1	0	0	0	1	0
263	宁波华翔	制造业	0	0	0	0	1	0
264	晶源电子	制造业	0	0	0	0	1	0
265	三花股份	制造业	0	0	0	0	1	0
266	白云机场	交通运输、仓储业	0	0	1	1	1	0
267	武钢股份	制造业	0	0	1	1	0	0
268	东风汽车	制造业	0	0	1	1	0	0
269	中国国贸	社会服务业	0	0	0	0	1	0
270	首创股份	社会服务业	1	0	1	1	1	0
271	上海机场	交通运输、仓储业	1	0	1	1	1	0
272	皖通高速	交通运输、仓储业	0	0	1	0	0	0
273	宝钢股份	制造业	0	0	1	1	1	0
274	中原高速	交通运输、仓储业	0	0	1	0	0	0
275	济南钢铁	制造业	0	0	1	1	1	0
276	中海发展	交通运输、仓储业	1	0	1	1	1	0
277	三一重工	制造业	0	0	0	1	0	0
278	福建高速	交通运输、仓储业	0	0	1	1	1	0
279	楚天高速	交通运输、仓储业	0	0	1	0	0	0
280	哈飞股份	制造业	1	0	1	0	0	0

编码	证券简称	所属证监会行业	Treat	B-share	SOE	HS300	East	West
281	中国联通	信息技术业	0	0	1	1	1	0
282	宁波联合	综合类	0	0	1	0	1	0
283	黄山旅游	社会服务业	0	1	1	0	0	0
284	万东医疗	制造业	1	0	1	0	1	0
285	中国医药	批发和零售贸易	1	0	1	0	1	0
286	五矿发展	批发和零售贸易	0	0	1	1	1	0
287	古越龙山	制造业	1	0	1	0	1	0
288	海信电器	制造业	0	0	1	0	1	0
289	中纺投资	制造业	1	0	1	0	1	0
290	双鹤药业	制造业	0	0	1	1	1	0
291	皖维高新	制造业	0	0	1	0	0	0
292	南京高科	房地产业	1	0	1	0	1	0
293	宇通客车	制造业	0	0	0	1	0	0
294	冠城大通	制造业	1	0	0	0	1	0
295	葛洲坝	建筑业	1	0	1	1	0	0
296	银鸽投资	制造业	0	0	1	0	0	0
297	浙江富润	制造业	1	0	1	0	1	0
298	凤凰光学	制造业	1	0	1	0	0	0
299	中船股份	制造业	1	0	1	0	1	0
300	新疆天业	农、林、牧、渔业	1	0	0	0	0	1
301	澄星股份	制造业	0	0	0	0	1	0
302	人福医药	综合类	1	0	0	0	0	0
303	海泰发展	房地产业	0	0	1	0	1	0
304	同仁堂	制造业	0	0	0	1	1	0
305	长航油运	交通运输、仓储业	0	0	1	1	1	0
306	中视传媒	传播与文化产业	0	0	1	0	1	0
307	特变电工	制造业	0	0	0	1	0	1
308	啤酒花	制造业	1	0	1	0	0	1
309	云天化	制造业	1	0	1	1	0	1
310	广州控股	电力、煤气及水的生产和供应业	0	0	0	0	1	0
311	林海股份	制造业	0	0	1	0	1	0
312	同方股份	信息技术业	1	0	1	1	1	0
313	重庆路桥	交通运输、仓储业	0	0	0	0	0	1
314	中科英华	制造业	0	0	1	0	0	0
315	包钢稀土	制造业	0	0	1	1	0	1
316	长征电气	制造业	0	0	0	0	0	1
317	浙江东日	制造业	0	0	0	0	1	0
318	中国卫星	信息技术业	0	0	1	1	1	0
319	浙江东方	批发和零售贸易	0	0	0	0	1	0
320	郑州煤电	电力、煤气及水的生产和供应业	0	0	0	0	0	0

续表

编码	证券简称	所属证监会行业	Treat	B-share	SOE	HS300	East	West
321	宏图高科	信息技术业	0	0	1	0	1	0
322	兰花科创	采掘业	0	0	1	1	0	0
323	铁龙物流	交通运输、仓储业	0	0	1	1	1	0
324	弘业股份	批发和零售贸易	0	0	0	0	1	0
325	太极集团	制造业	1	0	1	0	0	1
326	重庆啤酒	制造业	1	0	0	1	0	1
327	东湖高新	综合类	1	0	1	0	0	0
328	乐凯胶片	制造业	1	0	1	0	1	0
329	道博股份	综合类	1	0	0	0	0	0
330	浪莎股份	制造业	1	0	0	0	0	1
331	中青旅	社会服务业	1	0	1	0	1	0
332	兴发集团	制造业	0	0	1	0	0	0
333	中国船舶	制造业	0	0	1	1	1	0
334	航天机电	制造业	1	0	1	1	1	0
335	维科精华	制造业	1	0	1	0	1	0
336	建发股份	批发和零售贸易	0	0	1	1	1	0
337	鲁润股份	综合类	1	0	0	0	1	0
338	中体产业	社会服务业	0	0	1	1	1	0
339	大龙地产	制造业	0	0	0	0	1	0
340	天坛生物	制造业	0	0	1	1	1	0
341	香江控股	房地产业	0	0	0	0	1	0
342	宁夏恒力	制造业	0	0	0	0	0	1
343	联美控股	房地产业	0	0	0	0	1	0
344	武汉控股	电力、煤气及水的生产和供应业	0	0	1	0	0	0
345	上海建工	建筑业	1	0	1	1	1	0
346	黄河旋风	制造业	0	0	0	0	0	0
347	卧龙地产	房地产业	0	0	1	0	1	0
348	美都控股	房地产业	0	0	1	0	1	0
349	雅戈尔	制造业	0	0	0	1	1	0
350	生益科技	制造业	0	0	1	1	1	0
351	兖州煤业	采掘业	0	0	1	1	1	0
352	锦州港	交通运输、仓储业	0	1	1	0	1	0
353	长城电工	制造业	1	0	1	0	0	1
354	中牧股份	制造业	0	0	1	0	1	0
355	复星医药	制造业	1	0	0	1	1	0
356	伊力特	制造业	0	0	1	0	0	1
357	金种子酒	制造业	1	0	1	0	0	0
358	金宇集团	制造业	0	0	1	0	0	1
359	哈空调	制造业	0	0	0	0	0	0
360	新湖中宝	房地产业	0	0	0	1	1	0
361	紫江企业	制造业	0	0	0	1	1	0

续表

编码	证券简称	所属证监会行业	Treat	B-share	SOE	HS300	East	West
362	长春经开	房地产业	0	0	0	0	0	0
363	浙江医药	制造业	0	0	1	1	1	0
364	全柴动力	制造业	0	0	1	0	0	0
365	江苏阳光	制造业	0	0	0	1	1	0
366	太龙药业	制造业	0	0	1	0	0	0
367	升华拜克	制造业	0	0	0	0	1	0
368	赤天化	制造业	1	0	1	0	0	1
369	沧州大化	制造业	0	0	0	0	1	0
370	凌钢股份	制造业	0	0	1	0	1	0
371	大杨创世	制造业	1	0	0	0	1	0
372	民丰特纸	制造业	1	0	1	0	1	0
373	桂冠电力	电力、煤气及水的生产和供应业	1	0	1	1	0	1
374	华业地产	房地产业	0	0	1	0	1	0
375	青海华鼎	制造业	1	0	1	0	0	1
376	万通地产	房地产业	0	0	1	1	1	0
377	成城股份	批发和零售贸易	0	0	0	0	0	0
378	两面针	制造业	0	0	1	0	0	1
379	中恒集团	综合类	1	0	1	0	0	1
380	广汇股份	房地产业	0	0	1	1	0	1
381	首旅股份	社会服务业	0	0	1	0	1	0
382	凯乐科技	制造业	0	0	0	0	0	0
383	浙江阳光	制造业	0	0	0	0	1	0
384	路桥建设	建筑业	1	0	1	0	1	0
385	北京城建	建筑业	1	0	1	1	1	0
386	海正药业	制造业	0	0	1	0	1	0
387	国电南自	制造业	1	0	1	0	1	0
388	赣粤高速	交通运输、仓储业	0	0	1	1	0	0
389	外运发展	交通运输、仓储业	0	0	1	1	1	0
390	航天信息	信息技术业	0	0	1	1	1	0
391	恒瑞医药	制造业	0	0	1	1	1	0
392	东方创业	批发和零售贸易	1	0	1	0	1	0
393	重庆港九	交通运输、仓储业	1	0	1	0	0	1
394	南京中商	批发和零售贸易	0	0	1	0	1	0
395	南钢股份	制造业	0	0	1	1	1	0
396	钱江水利	电力、煤气及水的生产和供应业	0	0	1	0	1	0
397	浦东建设	建筑业	0	0	1	0	1	0
398	羚锐制药	制造业	1	0	1	0	0	0
399	江苏舜天	批发和零售贸易	1	0	0	0	1	0
400	大恒科技	信息技术业	0	0	0	0	1	0
401	亿阳信通	信息技术业	1	0	1	0	0	0

续表

编码	证券简称	所属证监会行业	Treat	B-share	SOE	HS300	East	West
402	鄂尔多斯	制造业	0	1	1	0	0	1
403	美罗药业	制造业	1	0	0	0	1	0
404	安琪酵母	制造业	0	0	1	0	0	0
405	维维股份	制造业	0	0	0	0	1	0
406	标准股份	制造业	1	0	1	0	0	1
407	曙光股份	制造业	1	0	0	0	1	0
408	烟台万华	制造业	0	0	1	1	1	0
409	桂东电力	电力、煤气及水的生产和供应业	1	0	1	0	0	1
410	营口港	交通运输、仓储业	0	0	1	0	1	0
411	天房发展	房地产业	0	0	1	0	1	0
412	南海发展	电力、煤气及水的生产和供应业	0	0	1	0	1	0
413	华发股份	房地产业	0	0	0	1	1	0
414	西藏天路	交通运输、仓储业	1	0	1	0	0	1
415	大厦股份	批发和零售贸易	0	0	1	0	1	0
416	广州药业	制造业	0	0	0	0	1	0
417	长春燃气	电力、煤气及水的生产和供应业	1	0	1	0	0	0
418	美克股份	制造业	1	0	1	0	0	1
419	天利高新	制造业	0	0	1	0	0	1
420	航天动力	制造业	0	0	1	0	0	1
421	长江通信	信息技术业	1	0	1	0	0	0
422	国阳新能	采掘业	0	0	1	1	0	0
423	山东高速	社会服务业	0	0	1	1	1	0
424	亚宝药业	制造业	0	0	1	0	0	0
425	浙江龙盛	制造业	1	0	0	1	1	0
426	旭光股份	制造业	0	0	0	0	0	1
427	恒丰纸业	制造业	0	0	0	0	0	0
428	国旅联合	社会服务业	0	0	0	0	1	0
429	华微电子	制造业	1	0	1	0	0	0
430	华联综超	批发和零售贸易	0	0	0	0	1	0
431	江西铜业	制造业	1	0	1	1	0	0
432	联创光电	制造业	0	0	1	0	0	0
433	宁波韵升	制造业	1	0	0	0	1	0
434	红星发展	制造业	1	0	1	0	0	1
435	五洲交通	交通运输、仓储业	0	0	1	0	0	1
436	三房巷	制造业	1	0	0	0	1	0
437	万向德农	制造业	1	0	0	0	1	0
438	星马汽车	制造业	0	0	0	0	1	0
439	首开股份	房地产业	0	0	1	1	1	0
440	宁沪高速	交通运输、仓储业	0	0	1	0	1	0

编码	证券简称	所属证监会行业	Treat	B-share	SOE	HS300	East	West
441	广东明珠	制造业	1	0	0	0	1	0
442	金地集团	房地产业	1	0	1	1	1	0
443	龙净环保	制造业	0	0	0	0	1	0
444	成发科技	制造业	0	0	1	0	0	1
445	太工天成	信息技术业	0	0	0	0	0	0
446	盘江股份	采掘业	0	0	1	1	0	1
447	凯诺科技	制造业	0	0	0	0	1	0
448	抚顺特钢	制造业	0	0	1	0	1	0
449	红豆股份	制造业	0	0	0	0	1	0
450	欣网视讯	信息技术业	1	0	1	0	1	0
451	国电南瑞	信息技术业	0	0	1	0	1	0
452	三友化工	制造业	1	0	0	0	1	0
453	华胜天成	信息技术业	1	0	0	0	1	0
454	小商品城	综合类	0	0	1	1	1	0
455	湘电股份	制造业	0	0	0	0	0	0
456	现代制药	制造业	0	0	1	0	1	0
457	昆明制药	制造业	1	0	1	0	0	1
458	柳化股份	制造业	1	0	0	0	0	1
459	青松建化	制造业	1	0	1	0	0	1
460	华鲁恒升	制造业	0	0	1	1	1	0
461	中远航运	交通运输、仓储业	0	0	0	1	1	0
462	吉恩镍业	制造业	1	0	1	1	0	0
463	片仔癀	制造业	0	0	1	0	1	0
464	通威股份	农、林、牧、渔业	1	0	0	0	0	1
465	瑞贝卡	制造业	0	0	0	0	0	0
466	金证股份	信息技术业	0	0	0	0	1	0
467	赛马实业	制造业	0	0	1	0	0	1
468	涪陵电力	电力、煤气及水的生产和供应业	1	0	1	0	0	1
469	宝钛股份	制造业	1	0	1	1	0	1
470	时代新材	制造业	0	0	1	0	1	0
471	士兰微	制造业	1	0	0	0	1	0
472	洪城水业	电力、煤气及水的生产和供应业	0	0	1	0	0	0
473	空港股份	房地产业	0	0	1	0	1	0
474	好当家	农、林、牧、渔业	1	0	0	0	1	0
475	百利电气	制造业	0	0	1	0	1	0
476	华光股份	制造业	0	0	1	0	1	0
477	杭萧钢构	建筑业	0	0	1	0	1	0
478	科力远	制造业	1	0	1	0	0	0
479	千金药业	制造业	0	0	0	0	0	0
480	凌云股份	制造业	1	0	1	0	1	0

编码	证券简称	所属证监会行业	Treat	B-share	SOE	HS300	East	West
481	双良股份	制造业	1	0	0	0	1	0
482	中创信测	信息技术业	0	0	1	0	1	0
483	扬农化工	制造业	0	0	1	0	1	0
484	亨通光电	信息技术业	0	0	0	0	1	0
485	天药股份	制造业	0	0	0	0	1	0
486	中金黄金	采掘业	0	0	1	1	1	0
487	龙元建设	建筑业	1	0	0	0	1	0
488	凤竹纺织	制造业	1	0	0	0	1	0
489	晋西车轴	制造业	0	0	1	0	0	0
490	精工钢构	建筑业	1	0	0	0	0	0
491	驰宏锌锗	采掘业	1	0	1	1	0	1
492	科达机电	制造业	0	0	0	0	1	0
493	中化国际	批发和零售贸易	0	0	0	1	1	0
494	航天晨光	制造业	1	0	1	0	1	0
495	安徽水利	建筑业	0	0	1	0	0	0
496	西昌电力	电力、煤气及水的生产和供应业	1	0	1	0	0	1
497	方大特钢	制造业	0	0	1	0	0	0
498	上海能源	采掘业	1	0	1	1	1	0
499	天富热电	电力、煤气及水的生产和供应业	1	0	1	0	0	1
500	黑牡丹	制造业	1	0	0	0	1	0
501	国药股份	批发和零售贸易	0	0	1	0	1	0
502	腾达建设	建筑业	0	0	0	0	1	0
503	联环药业	制造业	0	0	1	0	1	0
504	方大炭素	制造业	1	0	1	1	0	1
505	置信电气	制造业	1	0	1	1	1	0
506	康美药业	制造业	0	0	0	1	1	0
507	贵州茅台	制造业	0	0	1	1	0	1
508	华海药业	制造业	0	0	0	0	1	0
509	中天科技	信息技术业	0	0	0	0	1	0
510	贵航股份	制造业	0	0	1	0	0	1
511	长园集团	制造业	1	0	1	0	1	0
512	菲达环保	制造业	0	0	1	0	1	0
513	江南高纤	制造业	0	0	0	0	1	0
514	中铁二局	建筑业	1	0	0	1	0	1
515	山东药玻	制造业	0	0	0	0	1	0
516	栖霞建设	房地产业	0	0	1	0	1	0
517	天士力	制造业	0	0	1	0	1	0
518	狮头股份	制造业	0	0	1	0	0	0
519	新赛股份	农、林、牧、渔业	1	0	1	0	0	1
520	新疆城建	建筑业	1	0	1	0	0	1

编码	证券简称	所属证监会行业	Treat	B-share	SOE	HS300	East	West
521	山煤国际	采掘业	1	0	1	0	0	0
522	山东黄金	采掘业	0	0	1	1	1	0
523	深高速	交通运输、仓储业	0	0	1	0	1	0
524	厦门钨业	制造业	0	0	0	1	1	0
525	天威保变	制造业	0	0	1	1	1	0
526	时代出版	传播与文化产业	0	0	1	0	0	0
527	太行水泥	制造业	1	0	0	0	1	0
528	康缘药业	制造业	0	0	0	0	1	0
529	大西洋	制造业	0	0	1	0	0	1
530	老白干酒	制造业	0	0	0	0	1	0
531	金自天正	制造业	1	0	1	0	1	0
532	江西长运	交通运输、仓储业	0	0	1	0	0	0
533	法拉电子	制造业	1	0	1	0	1	0
534	迪马股份	制造业	0	0	1	0	0	1
535	洪城股份	制造业	0	0	0	0	0	0
536	山鹰纸业	制造业	1	0	1	0	0	0
537	安阳钢铁	制造业	1	0	1	1	0	0
538	恒生电子	信息技术业	0	0	0	0	1	0
539	康恩贝	制造业	0	0	0	0	1	0
540	惠泉啤酒	制造业	0	0	0	0	1	0
541	芜湖港	交通运输、仓储业	0	0	1	0	0	0
542	万好万家	房地产业	1	0	1	0	1	0
543	精达股份	制造业	0	0	0	0	0	0
544	京能热电	电力、煤气及水的生产和供应业	0	0	1	0	1	0
545	卧龙电气	制造业	1	0	1	0	1	0
546	天地科技	制造业	1	0	1	1	1	0
547	海油工程	采掘业	0	0	1	1	1	0
548	长电科技	制造业	0	0	0	0	1	0
549	海螺水泥	制造业	0	0	1	1	0	0
550	金晶科技	制造业	1	0	1	0	1	0
551	新华医疗	制造业	1	0	1	0	1	0
552	用友软件	信息技术业	1	0	0	1	1	0
553	广东榕泰	制造业	1	0	0	0	1	0
554	泰豪科技	制造业	0	0	0	0	0	0
555	龙溪股份	制造业	0	0	1	0	0	0
556	中孚实业	制造业	1	0	0	1	0	0
557	新安股份	制造业	0	0	1	1	1	0
558	北大荒	农、林、牧、渔业	1	0	0	1	0	0
559	青岛啤酒	制造业	0	0	1	1	1	0
560	方正科技	信息技术业	1	0	0	1	1	0
561	金丰投资	房地产业	0	0	0	0	1	0

编码	证券简称	所属证监会行业	Treat	B-share	SOE	HS300	East	West
562	大众交通	社会服务业	0	1	1	1	1	0
563	老凤祥	制造业	1	1	1	0	1	0
564	永生投资	社会服务业	1	1	0	0	1	0
565	鼎立股份	房地产业	0	1	1	0	1	0
566	丰华股份	房地产业	0	0	1	0	1	0
567	金枫酒业	批发和零售贸易	0	0	1	0	1	0
568	海立股份	制造业	1	1	0	0	1	0
569	天宸股份	综合类	0	0	0	0	1	0
570	上海金陵	信息技术业	0	0	1	0	1	0
571	复旦复华	综合类	0	0	1	0	1	0
572	申达股份	制造业	1	0	0	0	1	0
573	新世界	批发和零售贸易	0	0	1	0	1	0
574	棱光实业	制造业	1	0	1	0	1	0
575	百联股份	批发和零售贸易	0	0	0	1	1	0
576	大众公用	综合类	1	0	1	1	1	0
577	浦东金桥	房地产业	1	1	0	1	1	0
578	万业企业	房地产业	1	0	1	0	1	0
579	申能股份	电力、煤气及水的生产和供应业	1	0	1	1	1	0
580	乐山电力	电力、煤气及水的生产和供应业	0	0	0	0	0	1
581	同达创业	综合类	0	0	0	0	1	0
582	外高桥	房地产业	1	1	1	1	1	0
583	城投控股	电力、煤气及水的生产和供应业	1	0	1	1	1	0
584	锦江投资	社会服务业	1	1	1	0	1	0
585	飞乐音响	综合类	0	0	0	0	1	0
586	爱使股份	综合类	0	0	0	0	1	0
587	申华控股	综合类	1	0	0	0	1	0
588	豫园商城	批发和零售贸易	1	0	0	1	1	0
589	福耀玻璃	制造业	0	0	0	0	1	0
590	强生控股	社会服务业	0	0	1	0	1	0
591	陆家嘴	房地产业	1	1	0	1	1	0
592	哈药股份	制造业	1	0	1	1	0	0
593	天地源	房地产业	0	0	1	0	0	0
594	西南药业	制造业	1	0	1	0	0	1
595	太极实业	制造业	0	0	1	0	1	0
596	东阳光铝	制造业	1	0	0	0	1	0
597	川投能源	电力、煤气及水的生产和供应业	0	0	1	1	0	1
598	中华企业	房地产业	0	0	1	1	1	0
599	交运股份	制造业	1	0	1	0	1	0

编码	证券简称	所属证监会行业	Treat	B-share	SOE	HS300	East	West
600	金山开发	制造业	1	1	0	0	1	0
601	南京新百	批发和零售贸易	0	0	1	0	1	0
602	京投银泰	批发和零售贸易	0	0	1	0	1	0
603	珠江实业	房地产业	1	0	1	0	1	0
604	广船国际	制造业	0	0	0	1	1	0
605	金龙汽车	制造业	0	0	0	0	1	0
606	刚泰控股	房地产业	1	0	0	0	1	0
607	青岛海尔	制造业	0	0	0	1	1	0
608	亚通股份	交通运输、仓储业	0	0	1	0	1	0
609	东百集团	批发和零售贸易	0	0	0	0	1	0
610	大商股份	批发和零售贸易	0	0	1	1	1	0
611	欧亚集团	批发和零售贸易	0	0	0	0	0	0
612	沱牌曲酒	制造业	1	0	1	0	0	1
613	中大股份	批发和零售贸易	0	0	1	0	1	0
614	海博股份	综合类	0	0	1	0	1	0
615	常林股份	制造业	0	0	1	0	1	0
616	南宁百货	批发和零售贸易	0	0	1	0	0	1
617	南京医药	制造业	0	0	1	0	1	0
618	天津港	交通运输、仓储业	0	0	0	1	1	0
619	东软集团	信息技术业	0	0	1	1	1	0
620	大连热电	电力、煤气及水的生产和供应业	0	0	1	0	1	0
621	祁连山	制造业	0	0	1	0	0	1
622	宁波富达	制造业	0	0	1	0	1	0
623	重庆百货	批发和零售贸易	0	0	1	0	0	1
624	中国高科	综合类	1	0	0	0	1	0
625	上海新梅	房地产业	0	0	0	0	1	0
626	苏州高新	房地产业	0	0	1	0	1	0
627	兰州民百	批发和零售贸易	0	0	1	0	0	1
628	辽宁成大	批发和零售贸易	1	0	0	1	1	0
629	一汽富维	制造业	0	0	1	0	0	0
630	上实发展	房地产业	1	0	1	1	1	0
631	江中药业	制造业	0	0	1	0	0	0
632	锦江股份	社会服务业	0	1	0	0	1	0
633	厦门国贸	批发和零售贸易	0	0	1	0	1	0
634	安徽合力	制造业	0	0	0	0	0	0
635	通策医疗	社会服务业	0	0	0	0	1	0
636	中航重机	制造业	0	0	1	0	0	1
637	综艺股份	综合类	1	0	1	0	1	0
638	汉商集团	批发和零售贸易	1	0	0	0	0	0
639	南京熊猫	信息技术业	1	0	1	0	1	0
640	友好集团	批发和零售贸易	1	0	1	0	0	1

续表

编码	证券简称	所属证监会行业	Treat	B-share	SOE	HS300	East	West
641	水井坊	制造业	0	0	0	1	0	1
642	通宝能源	电力、煤气及水的生产和供应业	1	0	1	0	0	0
643	上海辅仁	制造业	0	0	1	0	1	0
644	新钢股份	制造业	0	0	1	1	0	0
645	新华百货	批发和零售贸易	0	0	0	0	0	1
646	中储股份	交通运输、仓储业	0	0	1	0	1	0
647	京能置业	房地产业	1	0	1	0	1	0
648	保税科技	交通运输、仓储业	0	0	0	0	1	0
649	宁波海运	交通运输、仓储业	0	0	1	0	1	0
650	华新水泥	制造业	0	1	1	0	0	0
651	鹏博士	信息技术业	1	0	0	1	0	1
652	悦达投资	综合类	0	0	1	0	1	0
653	昆明机床	制造业	0	0	1	0	0	1
654	马钢股份	制造业	1	0	0	1	0	0
655	山西汾酒	制造业	0	0	1	1	0	0
656	东方集团	综合类	0	0	0	1	0	0
657	杭州解百	批发和零售贸易	0	0	0	0	1	0
658	厦工股份	制造业	1	0	1	0	1	0
659	中路股份	制造业	1	1	1	0	1	0
660	隧道股份	建筑业	0	0	0	1	1	0
661	上海物贸	批发和零售贸易	1	1	1	0	1	0
662	世茂股份	房地产业	0	0	0	0	1	0
663	益民商业	批发和零售贸易	0	0	1	0	1	0
664	新华传媒	批发和零售贸易	1	0	1	0	1	0
665	友谊股份	批发和零售贸易	0	1	1	0	1	0
666	三精制药	制造业	1	0	0	0	0	0
667	香溢融通	批发和零售贸易	0	0	1	0	1	0
668	广电网络	传播与文化产业	0	0	1	0	0	1
669	东方明珠	综合类	1	0	0	1	1	0
670	第一医药	批发和零售贸易	0	0	0	0	1	0
671	申通地铁	电力、煤气及水的生产和供应业	1	0	1	0	1	0
672	上海机电	制造业	1	1	1	1	1	0
673	界龙实业	制造业	1	0	SOE	0	1	0
674	上海九百	批发和零售贸易	1	0	1	0	1	0
675	四川长虹	制造业	0	0	1	1	0	1
676	上柴股份	制造业	1	1	1	0	1	0
677	宝信软件	信息技术业	0	1	1	0	1	0
678	同济科技	综合类	1	0	1	0	1	0
679	龙建股份	建筑业	0	0	1	0	0	0
680	工大首创	信息技术业	0	0	1	0	1	0

编码	证券简称	所属证监会行业	Treat	B-share	SOE	HS300	East	West
681	银座股份	综合类	0	0	1	0	1	0
682	王府井	批发和零售贸易	0	0	0	1	1	0
683	北京城乡	批发和零售贸易	0	0	1	0	1	0
684	哈投股份	电力、煤气及水的生产和供应业	0	0	0	0	0	0
685	百大集团	批发和零售贸易	0	0	0	0	1	0
686	通化东宝	制造业	1	0	0	0	0	0
687	中炬高新	综合类	0	0	0	0	1	0
688	五洲明珠	制造业	1	0	0	0	0	1
689	创业环保	社会服务业	0	0	0	1	1	0
690	航天电子	制造业	1	0	1	1	0	0
691	博瑞传播	传播与文化产业	0	0	1	0	0	1
692	杉杉股份	制造业	0	0	0	0	1	0
693	国投电力	电力、煤气及水的生产和供应业	1	0	1	1	0	1
694	新疆众和	制造业	1	0	1	0	0	1
695	南京化纤	制造业	0	0	0	0	1	0
696	航空动力	制造业	0	0	1	0	0	1
697	张江高科	综合类	1	0	0	1	1	0
698	中海海盛	交通运输、仓储业	0	0	1	0	1	0
699	厦门空港	交通运输、仓储业	1	0	1	0	1	0
700	长江电力	电力、煤气及水的生产和供应业	0	0	1	1	1	0
701	滨州活塞	制造业	0	0	1	0	1	0
702	株冶集团	制造业	1	0	1	0	0	0
703	国投中鲁	农、林、牧、渔业	1	0	1	0	1	0
704	岳阳纸业	制造业	0	0	1	0	0	0
705	博汇纸业	制造业	0	0	0	0	1	0
706	中材国际	建筑业	0	0	1	1	1	0
707	恒源煤电	采掘业	0	0	1	0	0	0
708	宝胜股份	信息技术业	1	0	0	0	1	0
709	武汉健民	制造业	0	0	0	0	0	0
710	宜华木业	制造业	1	0	0	0	1	0
711	广安爱众	电力、煤气及水的生产和供应业	0	0	1	0	0	1
712	江苏开元	批发和零售贸易	0	0	1	0	1	0
713	宁波热电	电力、煤气及水的生产和供应业	0	0	1	0	1	0
714	合肥三洋	制造业	1	0	1	0	0	0
715	雷鸣科化	制造业	0	0	1	0	0	0
716	航民股份	制造业	0	0	1	0	1	0
717	四创电子	信息技术业	0	0	1	0	0	0

编码	证券简称	所属证监会行业	Treat	B-share	SOE	HS300	East	West
718	贵绳股份	制造业	1	0	1	0	0	1
719	马应龙	制造业	1	0	0	0	0	0
720	文山电力	电力、煤气及水的生产和供应业	1	0	1	0	0	1
721	开滦股份	采掘业	1	0	1	1	1	0
722	上海医药	制造业	0	0	1	0	1	0

注：（1）样本选取的截止日期为 2010 年 6 月 11 日。

（2）Treat 的值取 1 表示属于处理组（有效税率上升），Treat 的值取 0 表示属于对照组（有效税率下降）；B-share 的值取 1 表示同时发行 B 股；SOE 的值取 1 表示该公司为国有企业；HS300 的值取 1 表示该公司属于沪深 300 指数；East 的值取 1 表示企业总部位于东部地区；West 的值取 1 表示总部位于西部地区。

资料来源：Wind 中国金融数据库。

参考文献

一、中文文献

［1］陈维云，张宗益．对资本结构财务影响因素的实证研究［J］．财经理论与实践，2002（23）：76－79．

［2］冯根福，吴林江，刘世彦．我国上市公司资本结构形成的影响因素分析［J］．经济学家，2000（5）：59－66．

［3］黄贵海，宋敏．资本结构的决定因素［J］．经济学，2004（1）：403．

［4］敬志勇，欧阳令南．不确定条件下公司负债的利息抵税效应分析［J］．中国管理科学，2003，11（5）：8－11．

［5］李霞．税收对公司资本结构的影响——基于中国上市公司的分析［D］．厦门大学博士学位论文，2008．

［6］沈艺峰．资本结构理论史［M］．北京：经济科学出版社，1999．

［7］史宇鹏，周黎安．地区放权与经济效率：以计划单列为例［J］．经济研究，2007（3）：17－28．

［8］宋献中．资本结构与税收的相关性分析［J］．暨南学报（哲学社会科学），2001，56（3）：71－77．

［9］王跃堂，王亮亮和贡彩萍．所得税改革、盈余管理及其经济后果［J］．经济研究，2009（3）：86－98．

［10］王志强．税收非中性与公司财务政策选择［J］．商业时代（理论版），2003，23（11）：24－26．

［11］王志强. 税收与公司财务政策选择［M］. 北京：中国商务出版社，2004.

［12］肖作平. 资本结构影响因素和双向效应动态模型——来自中国上市公司面板数据的证［J］. 会计研究，2004（2）：36 – 41.

［13］周黎安，陈烨. 中国农村税费改革的政策效果：基于双重差分模型的估计［J］. 经济研究，2005（8）：44 – 53.

二、英文文献

［14］Altman Edward. 1968. Financial Ratios, Discriminant Analysis and the Prediction of Corporate Bankruptcy. The Journal of Finance 23, 589 – 609.

［15］Auerbach. 1985. Real Determinants of Corporate Leverage. Corporate Capital Structures in the US. , National Bureau of Economic Research, Washington, D. C.

［16］Baker, M. and J. Wurgler. 2002. Market timing and capital structure. Journal of Finance 57, 1 – 32.

［17］Barnea, A. , R. Haugen, and L. Senbet. 1981. An Equilibrium Analysis of Debt Financing under Costly Tax Arbitrage and Agency Problems. Journal of Finance 36, 569 – 581.

［18］Baron. 1974. Default Risk, Home-Made Leverage and the Modigliani-Miller Theorem, American Economic Review, pp. 176 – 182.

［19］Bathala, C. T. Moon, K. P. and R. P. Rao. 1994. Managerial ownership, debt policy and impact of institutional shareholdings: An agency perspective. Financial Management 23, 38 – 50.

［20］Berger, G. Philip, Eli Ofek and David L. Yermack. 1997. Managerial entrenchment and capital structure decisions, Journal of Finance 52, 1411 – 1438.

［21］Bevan, Alan A. and Danbolt, Jo. 2001. On the Determinants and Dynamics of UK Capital Structure. EFMA 2001 Lugano Meetings.

［22］Booth L, AivazianV, Demirguc-KuntA, Maksimovic V. 2001. Capital structures in developing countries. Journal of Finance 56, 87 - 130.

[23] Bowman, R. 1980. The importance of a market-value measurement of debt in assessing leverage. Journal of Accounting Research 18, 242 - 254.

[24] Bradley, M., G. Jarrell, and E. Kim. 1984. On the Existence of an Optimal Capital Structure: Theory and Evidence. Journal of Finance 39, 857 - 877.

[25] Brennan, M., and E. Schwartz. 1978. Corporate Income Taxes, Valuation and the Problem of Optimal Capital Structure. Journal of Business 51, 103 - 114.

[26] Chaplinsky, S. 1987. The Effect of Taxes on Capital Structure. Working paper, University of Michigan.

[27] Chaplinsky Susan and Greg Niehaus. 1990. The determinants of inside ownership and leverage. Working paper, University of Michigan.

[28] Chen. 2004. Determinants of capital structure of Chinese-listed companies. Journal of Business Research 57, 1341 - 1351.

[29] Cordes J. and Sheffrin M. 1983. Estimating the Tax Advantage of Corporate Debt. The Journal of Finance 38, 95 - 105.

[30] Dammon, R., and L. Senbet. 1988. The Effect of Taxes and Depreciation on Corporate Investment and Financial Leverage. Journal of Finance 43, 357 - 373.

[31] DeAngelo, H., and R. Masulis. 1980. Optimal Capital Structure under Corporate and Personal Taxation. Journal of Financial Economics 8, 3 - 29.

[32] Dhaliwal, D., R. Trezevant, and S. Wang. 1992. Taxes, investment-related tax shields and capital structure. Journal of the American Taxation Association 14, 1 - 21.

[33] Dotan, A. and S. A. Ravid. 1985. On the interaction of real and financial decisions of the firm under uncertainty. Journal of Finance 40, 501 - 517.

[34] Fama. E. 985. What's Different About Banks. Journal of Monetary Eco-

nomics, 29 – 39.

[35] Fama, E. F. and K. R. French. 1998. Taxes, financing decisions, and firm value. Journal of Finance 53 (3), 819 – 843.

[36] Fama, E. F. and K. R. French. 2002. Testing Tradeoff and Pecking Order Predictions about Dividends and Debt. Review of Financial Studies 15, 1 – 37.

[37] Fama, E. and M. C. Jensen. 1983. Separation of ownership and control. Journal of Law and Economics 26, 301 – 325.

[38] Fischer, E. , R. Heinkel, and J. Zechner. 1989. Dynamic capital structure choice: Theory and tests. Journal of Finance 44, 19 – 40.

[39] Frank Murray and Goyal Vidhan. 2003. Testing the pecking order theory of capital structure. Journal of Financial Economics 67, 217 – 248.

[40] Friend, Irwin, and Larry H. P. Lang. 1988. An empirical test of the impact of managerial self-interest on corporate capital structure. Journal of Finance 43, 271 – 281.

[41] Giavazzi and Guido Tabellini, 2004. Economic and Political Liberalizations. NBER Working Papers 10657, National Bureau of Economic Research.

[42] Gilson, S. 1997. Transaction cost and capital structure choice: evidences from financially distressed firms, Journal of Finance 52, 161 – 195.

[43] Givoly, D. , C. Hahn, A. Ofer, and O. H. Sarig. 1992. Taxes and capital structure: evidence from firms' response to the tax reform act of 1986. Review of Financial Studies 5, 331 – 355.

[44] Gordon and Young Lee. 2001. Do taxes affect corporate debt policy? Evidence from U. S. corporate tax return data. Journal of Public Economics, 195 – 224.

[45] Graham, J. R. 1996. Debt and the marginal tax rate. Journal of Financial Economics 41, 41 – 74.

[46] Graham, J. R. 1999. Do personal taxes affect corporate financing decisions? Journal of Public Economics 73, 147 – 185.

[47] Graham, J. R. 2000. How big are the tax benefits of debt? Journal of Finance 55, 1901 – 1941.

[48] Graham, J. R. and Mills Lillian F. 2007. Using tax return data to simulate corporate marginal tax rates. Working paper, Duke University.

[49] Graham, J. R. , M. Lemmon, and J. Schallheim. 1998. Debt, leases, taxes, and the endogeneity of corporate tax status. Journal of Finance 53, 131 – 162.

[50] Grant, Richardson. and Roman, Lanis. 2007. Determinants of the variability in corporate effective tax rates and tax reform: Evidence from Australia. Journal of Accounting and Public Policy 26, 689 – 704.

[51] Green, R. , and E. Talmor. 1985. The Structure and Incentive Effects of Corporate Tax Liabilities. Journal of Finance 40, 1095 – 1114.

[52] Guenther, David A. 1994. Earnings Management in Response to Corporate Tax Rate Changes: Evidence from the 1986 Tax Reform Act. The Accounting Review, 69 (1), 230 – 243.

[53] Haugen, R. , and L. Senbet. 1986. Corporate Finance and Taxes: A Review. Financial Management, 15, 5 – 21.

[54] Hovakimian, A. , Opler, T. , and S. Titman. 2001. The debt-equity choice. Journal of Financial and Quantitative Analysis 36, 1 – 24.

[55] Jensen, M. C. 1986. Agency costs of free cash flow, corporate finance, and takeovers. American Economic Review 76, 323 – 339.

[56] Kane, A. , A. Marcus, and R. McDonald. 1984. How Big is the Tax Advantage to Debt? Journal of Finance 39, 841 – 852.

[57] Kester, Carl W. 1986. Capital and ownership structure: a comparison of United States and Japanese corporations. Financial Management 15, 5 – 16.

[58] Kim, W. and E. Soresen. 1986. Evidence on the impact of agency cost of debt on corporate debt policy. Journal of Financial and quantitative analysis 27, 131 - 144.

[59] Kraus, A., and R. Litzenberger. 1973. A State-Preference Model of Optimal Financial Leverage. Journal of Finance 28, 911 - 921.

[60] Lemmon, M., M. Roberts, and J. Zender. 2006. Back to the beginning: Persistence and the cross-section of corporate capital structure. Working paper, Wharton.

[61] Long, M., and Maltiz, I. 1985. The investment financing nexus: some empirical evidence. Midland Corporate Finance Journal 3, 53 - 59.

[62] Lopez, Philip R. Regier and Tanye Lee. 1998. Identifying Tax-Induced Earnings Management around TRA 86 as a Function of Prior Tax-Aggressive Behavior. Journal ofthe American Taxation Association 20 (2), 37 - 56.

[63] MacKie-Mason, J. K. 1990. Do taxes affect corporate financing decisions? Journal of Finance 45 (5), 1471 - 1493.

[64] Marsh, Paul. 1982. The choice between equity and debt: An empirical study. Journal of Finance 37, 121 - 144.

[65] Matheson, Thornton. 2006. The Effect of the Corporate Income Tax on Leverage Ratios. in Large, Public Corporations. U. S. Department of Treasury, Working paper.

[66] Mehran, H. 1995. Executive compensation, ownership, and firm performance [J], Journal of Financial Economics 38, 163 - 184.

[67] Michaelas, N., Chittenden, F., and P. Poutziouris. 1999. Financial policy and capital structure choice in U. K. SMS: empirical evidence from company panel data. Small Business Economics 12, 113 - 130.

[68] Miguel Alberto de, Pindado Julio. 2001. Determinants of capital structure: new evidence from Spanish panel data. Journal of corporate finance 7,

77 - 99.

[69] Miller, M. 1977. Debt and Taxes. Journal of Finance 32, 261 - 275.

[70] Modigliani, Franco, and M. Miller. 1958. The cost of capital, corporation finance and the theory of investment. American Economic Review 58, 261 - 297.

[71] Modigliani, F. , and M. Miller. 1963. Corporate Income Taxes and the Cost of Capital: A Correction. American Economic Review 53, 433 - 443.

[72] Myers, S. 1977. The Determinants of Corporate Borrowing. Journal of Financial Economics 5, 147 - 175.

[73] Myers, S. , and N. Majluf. 1984. Corporate Financing and Investment Decisions When Firms Have Information That Investors Do Not Have. Journal of Financial Economics 13, 187 - 221.

[74] Myers, S. C. 1984. The capital structure puzzles. Journal of Finance 39, 575 - 592.

[75] Myers, S. C. 2001. Capital structure. Journal of Economic Perspectives 15, 81 - 102.

[76] Moh'd, M. A. , Perry, L. G. and Rimbey, J. N. 1998. The Impact of Ownership Structure On Corporate Debt Policy: a Time-Series Cross-Sectional Analysis. Financial Review 33, 85 - 98.

[77] Persson, T. 2004. Consequences of Constitutions. Journal of the European Economic Association 2, 139 - 161.

[78] Pittman, J. and K. Klassen. 2001. The influence of firm maturation on firms'rate of adjustment to their optimal capital structures. Journal of the American Taxation Association 23, 70 - 94.

[79] Prowse, S. D. 1990. Institutional investment patterns and corporate financial behavior in the U. S and Japan. Journal of Financial Economic 27, 43 - 66.

[80] Rajan, R. and Zingales, L. 1995. What do we know about capital structure choice? Some evidence from international data. Journal of Finance 50, 1421 - 1460.

[81] Robichek A. , and Stewart C. Myers. 1966. Problems in the Theory of Optimal Capital Structure. The Journal of Financial and Quantitative Analysis 2, 1 - 35.

[82] Rubinstein, M. E. 1973. Corporate financial policy in segmented securities markets, Journal of Financial and Quantitative Analysis 8, 749 - 761.

[83] Scholes, S. , Wilson, and M. Wolfson. 1990. Tax Planning, Regulatory Capital Planning, and Financial Reporting Strategy for Commercial Banks. Review of Financial Studies 3, 625 - 650.

[84] Scholes, Myron S. , Wilson, G. Peter, Wolfson, Mark A. 1992. Firms' Responses to Anticipated Reductions in Tax Rates: The Tax Reform Act of 1986. Journal of Accounting Research 30 (3), 161 - 185.

[85] Scott, J. H. 1976. A theory of optimal capital structure. Bell Journal of Economics 7, 33 - 54.

[86] Shyam-Sunder L, Myers S. 1999. Testing static trade-off against pecking order models of capital structure. Journal of Financial Economics 51, 219 - 44.

[87] Short H. Keasey K. Duxbury D. 2002. Capital Structure, Management Ownership and Large External Shareholders: A UK Analysis. International Journal of the Economics of Business 9, 375 - 399.

[88] Smith C. , and J. B. , Warner. 1979. On financial contracting: an analysis of bond covenants, Journal of Financial Economics 7, 117 - 161.

[89] Stiglitz, J. E. 1969. A re-examination of the Modigliani-Miller theorem, The American review 59, 784 - 793.

[90] Stiglitz, J. E. 1974. On the irrelevance of corporate financial policy, The American review 64, 851 - 866.

[91] Taggart, R. 1980. Taxes and Corporate Capital Structure in an Incomplete Market. Journal of Finance 35, 645 - 659.

[92] Titman, S., and R. Wessels. 1988. The Determinants of Capital Structure Choice. Journal of Finance 43, 1 - 19.

[93] Wald J. K. 1999. How firm characteristics affect capital structure,: an international comparison, Journal of Financial Research 22, 161 - 187.

[94] Warner, J. 1977. Bankruptcy costs: some evidence. The Journal of Finance 32, 337 - 347.

[95] Welch Ivo. 2004. Capital Structure and Stock Returns. The Journal of Political Economy 112, 106 - 132.